SIX THO
A Compreh

SIX THOUSAND WELSH WORDS
A Comprehensive Basic Vocabulary

Compiled by
CERI JONES

First impression — 1995

ISBN 1 85902 162 X

© Ceri Jones

Printed by
J. D. Lewis & Sons Ltd., Gomer Press, Llandysul, Dyfed

PREFACE

This book provides the serious student of Welsh with a basic comprehensive range of vocabulary. It will also be useful to the Welsh speaker who wishes to improve his or her word-power. It is divided into fifteen sections, which are further separated into a hundred and twenty vocabulary lists, and a total of over six thousand words are covered in all.

The lists have been compiled according to subject matter—although the division between many is largely artificial—and in order to avoid duplication no word has been repeated if possible (unless the word has distinctly different meanings). Words have been grouped under headings where they are most frequently used in everyday speech, so that **castell,** 'castle', for example, comes under 'Town', rather than under 'War'.

An active knowledge of all the words is desirable, but as some vocabulary is of a specialised nature a passive knowledge would be sufficent for most learners for some of the more esoteric terms. Also included are a number of idioms that are not usually found in most dictionaries but are nonetheless in common circulation.

The vocabularies follow the Welsh alphabet, which varies slightly from the English version:

a, b, c, ch, d, dd, e, f, ff, g, ng, h, i, (j), l, ll, m, n, o, p, ph, r, rh, s, t, th, u, w, y.

A number of abbreviations are used throughout the text:

(m)   masculine
(f)   feminine
(f/m)   either masculine or feminine
(pl)   plural or collective noun

Verbs in Welsh are grammatically verb-nouns, namely they can act as nouns as well as verbs. Thus **bancio,** for example, means 'banking' as well as 'to bank', but throughout the text usually only the verbal form has been given.

To distinguish between adjectives and nouns where necessary, the abbreviation *(adj)* is occasionally used to denote 'abjective'.

(NW)   North Wales
(SW)   South Wales

There is no distinct linguistic boundary between North and South Wales: the above abbreviations are merely loose terms of reference. Differences within North and South Wales are not alluded to for the sake of simplicity.

(sl)   slang

Slang is informal usage that is seldom (if at all) used in official situations. For example, the South Walian word **tsep**, 'cheap', is confined to speech, whilst **rhad**, also 'cheap', is used in all other situations.

(dom)   domestic term

Domestic terms are confined to the home and not used in more formal situations. For example, **lle chwech** is a household term for 'toilet', but more formal usage requires **toiled.**

The plural ending follows immediately after each word where necessary. Thus, for example, **afal** *(m)* **-au**, 'apple', gives the plural **afalau**, 'apples'. If a word has the same plural as a preceeding word, then the plural is not repeated. For example, the plural of **chwaer**, 'sister', is **chwiorydd**, 'sisters', and so the plural of **chwaer-yng-nghyfraith**, 'sister-in-law', is **chwiorydd-yng-nghyfraith**, 'sisters-in-law'. Where the plural affects the stem of a word, then the plural is written out in full, eg, **bygwth** *(m)* **bygythion**, 'threat', 'threats'.

The main sources of information are:
Collins Spurrell Welsh Dictionary (1991), Glasgow: HarperCollins.
Geiriadur Prifysgol Cymru: A Dictionary of the Welsh Language (1950-) Cardiff, University of Wales.
Evans, H. Meurig (1981), **Y Geiriadur Cymraeg Cyfoes**, Llandybïe, Hughes a'i Fab.

Evans, H. Meurig and Thomas, W.O. (1958), **Y Geiriadur Mawr,** Llandysul, Gwasg Gomer.

Jones, R.E. (1975), **Llyfr o Idiomau Cymraeg,** Abertawe, Gwasg John Penry.

Jones, R.E. (1987), **Ail Lyfr o Idiomau Cymraeg,** Abertawe, Gwasg John Penry.

Lewis, D. Geraint (1994), **Geiriadur Gomer i'r Ifanc,** Llandysul, Gwasg Gomer.

Thomas, Alan R. (1973), **The Linguistic Geography of Wales,** Cardiff, University of Wales.

Thorne, David A. (1993), **A Comprehensive Welsh Grammar/Gramadeg Cymraeg Cynhwysfawr,** Oxford, Blackwell Publishers.

Williams, Jac L. (1973), **Geiriadur Termau/Dictionary of Terms,** Cardiff, University of Wales.

The School of Education and the Language and Literature Committee of the Board of Celtic Studies of the the University of Wales have published a number of basic lists of specialized terms, such as Mathematics (1957), The Theatre (1964), Economics and Econometrics (1976), which have been supplemented by a number of publications from the Welsh Joint Education Committee.

Standardised spelling has been used throughout, but it needs to be borne in mind that this vocabulary is not a definitive orthography of the Welsh language. For a small number of words, sources vary about what is the official authoritative spelling, and thus the author has chosen what he believes is the most common form in use. Thus, for example, **cadnoid** ('foxes' in South Wales) is chosen in preference to **cadnoaid,** the form suggested by some authorities. In cases of dispute, the serious student is referred to **Geiriadur Prifysgol Cymru.**

The author is indebted to Megan Gwynne for reading the entire manuscript, and to Robert Wood and Delyth Jones, both of the University of Wales College of Cardiff, for their observations on the contents. Special thanks are particularly due to Cennard Davies of the University of Glamorgan, Pontypridd, for editing the final draft and suggesting a number of amendments. Acknowledgement also needs to be made to Gwasg Gomer for the accuracy of their work.

Llanberis   Ceri Jones
June 1994

Contents

xiii Nature

xiv Exclamations and phrases

xv Miscellaneous

i The Body

1. The head (general)

cen *(pl)*	dandruff
clust *(f/m)* -iau	ear
(mae gen i bigyn clust *(NW)*	I've got earache)
(mae gyda fi glust tost *(SW)*	I've got earache)
corun *(m)* -au	crown of the head, tonsure
cur (yn y) pen *(NW)*	headache
(mae gen i gur yn fy mhen *(NW)*	I've got a headache)
gwallt *(m)* -au	hair
gwallt gosod *(NW)*	false hair
gwallt dodi *(SW)*	false hair
moel	bare, bald
o'm corun i'm sawdl	from head to toe
pen *(m)* -nau	head
pen tost *(SW)*	headache
(mae pen tost gyda fi *(SW)*	I've got a headache)
penglog *(f)* -au	skull
rhesen *(f)* rhesi *(NW)*	hair-parting
rhaniad *(m)* -au *(SW)*	hair-parting
ymennydd *(m)* ymenyddiau	brain

2. The face

ael *(f)* -iau	eyebrow
amrant *(m)* -au, amrannau	eyelid
barf *(f)* -au	beard
beichio crio	to sob
boch *(f)* -au	cheek
bochgoch	rosy-cheeked
brychni haul *(pl)*	freckles
cannwyll y llygad *(m)*	pupil of the eye
canhwyllau'r llygaid *(pl)*	
cil y llygad *(m)*	corner of the eye
ciliau/cilion y llygaid *(pl)*	
crio	to cry
deigryn *(m)* dagrau	tear
(dw i yn fy nagrau	I'm in tears)

ffroen *(f)* -au	nostril
gên *(f)*	jaw, chin
grudd *(f)* -iau	cheek
gwelw	pale
gwelw fel y galchen	as white as a sheet
gwên *(f)* gwenau	smile
gwenu	to smile
gwenu o glust i glust	to smile from ear to ear
gwenu fel giât	to smile broadly
locsyn *(m)* *(NW)*	beard
llefain *(SW)*	to cry
llygad *(m)* llygaid	eyes
mwstas *(m)*	moustache
pryd *(m)*	complexion
pryd a gwedd	appearance
talcen *(m)* -nau, -ni	forehead
torri i feichio crio	to burst into tears
trwyn *(m)* -au	nose
wylo	to cry
wyneb *(m)* -au	face
wyneb yn wyneb	face to face
wynebu	to face

3. Mouth and neck

agor ceg	to yawn
carthu fy ngwddf	to clear my throat
ceg *(f)* -au	mouth
corn gwddf *(m)*	windpipe
cryg	hoarse
cusan *(f/m)* -au	kiss
cusanu	to kiss
dant *(m)* dannedd	tooth
dannedd dodi *(SW)*	false teeth
dannedd gosod *(NW)*	false teeth
dannoedd *(f)*	toothache
(mae'r ddannoedd arnaf i	I've got toothache)
deintydd *(m)* -ion	dentist
dolur gwddf *(m)* *(NW)*	sore throat
(mae gen i ddolur gwddf *(NW)*	I've got a sore throat)

driblo *(SW)*	to dribble
glafoerio *(NW)*	to dribble
gwar *(f/m)* -rau	nape of the neck
gwddf *(m)* gyddfau	neck, throat
gwddf tost *(SW)*	sore throat
(mae gwddf tost gyda fi *(SW)*	I've got a sore throat)
gwefus *(f)* -au	lip
(yr) ig *(m)* -ion	hiccup
igian	to hiccup
llenwad *(m)* -au	filling
llwnc *(m)* *(SW)*	throat
llwnc tost *(SW)*	sore throat
(mae llwnc tost gyda fi *(SW)*	I've got a sore throat)
llyfu *(NW)*	to lick
llyncu	to swallow
llyo *(SW)*	to lick
ochenaid *(f)* ocheneidiau	sigh
ochneidio	to sigh
peswch *(m)*	cough
(mae peswch arnaf i	I've got a cough)
pesychu	to cough
poer *(m)* -ion	saliva
poeri	to spit
pwl o beswch *(m)*	fit of coughing
pyliau o beswch *(pl)*	
sws *(f)* -ys *(dom)*	kiss
tafod *(m)* -au	tongue
tagell *(f)* -au, tegyll	double chin
tagu	to choke
tisian	to sneeze
(bendith (arnoch chi)!	bless you!)

4. Speech and sound

adlais *(m)* adleisiau	echo
adleisio	to echo, to rebound
ar lafar (gwlad)	in speech, orally
atal dweud	to stutter
ateb *(m)* -ion	answer, reply
ateb	to answer

atsain *(f)* atseiniau	echo
atseinio	to echo
bloedd *(f)* -iau, -iadau	shout, cry
bloeddio, -ian	to shout
celwydd *(m)* -au, clwyddau	lie
celwydd golau	white lie
clebran	to chatter
clecian *(SW)*	to gossip
cloncian *(SW)*	to gossip
cwympo mas *(SW)*	to argue, to fall out
cyfarch	to greet
chwerthin	to laugh
chwerthin am ben rhywun	to laugh at someone
diflewyn-ar-dafod	without mincing words
dim Cymraeg rhyngddyn nhw	no communication between them
distaw	silent
distawrwydd *(m)*	silence
distewi	to silence
dweud	to say
dweud celwydd(au)	to lie
dweud wrth	to tell
ffaelu siarad *(SW)*	to be unable to speak, to fail to speak
ffraeo *(NW)*	to argue, to fall out
glannau chwerthin *(NW)*	to roar with laughter
gofyn (i rywun)	to ask (someone)
gofyn *(m)* -ion	demand, requirement
gorchymyn	to order
gorchymyn *(m)* gorchmynion	command
gwaedd *(f)* -au	cry, shout
gweiddi	to shout
gweiddi nerth (esgyrn) fy mhen	to shout as loud as possible
heb ddweud na bw na be'	without saying a word
heb na siw na miw	without a murmur
hel clecs *(SW)*	to gossip
hel straeon *(NW)*	to gossip
huawdl	eloquent, articulate
jocan *(SW)*	to joke

jocio *(NW)*	to joke
llais *(m)* lleisiau	voice
llef *(f)* -au	cry, voice
llefain	to cry, to shout
llefaru	to speak, to utter
llefarydd *(m)* -ion	speaker
lleisio	to voice
lleisio barn	to voice an opinion
llongyfarch	to congratulate
mân siarad	small talk
methu siarad *(NW)*	to be unable to speak, to fail to speak
mynegi	to express
palu celwyddau	to lie non-stop
pwyslais *(m)* pwysleisiau	emphasis
pwysleisio	to emphasise
rhaffu celwyddau	to lie non-stop
rheg *(f)* -au, -feydd	swear-word
rhegi	to swear
sain *(f)* seiniau	sound
seinio	to sound (noise, music)
sgrechian	to scream
sgwrs *(f)* sgyrsiau	chat
sgwrsio â	to chat to
siarad â	to speak to
siarad fel melin/pwll y môr	to speak non-stop, to jabber on
siarad yn hyll	to speak rudely
siaradus	talkative
siaradwr *(m)* siaradwyr	speaker
sibrwd	to whisper
sôn	to mention
sôn *(m)*	talk, mention, rumour
stŵr *(m)*	noise
stwrllyd	noisy
sŵn *(m)*	noise
swnian	to murmur, to grumble, to nag
swnio fel	to sound like
swnllyd	noisy
tawel	quiet

tawelwch *(m)*	calm, quiet, tranquility
tewi	to be silent
torri ar draws	to interrupt
torri gair	to utter a word
whilia *(SW) (sl)*	to talk, to speak
ymateb	to answer, to respond

5. The body

â'm gwynt yn fy nwrn	out of breath
afu *(f/m) (SW)*	liver
anadl *(f/m)* -au, -on	breath
anadlu	to breath
aren *(f)* -nau	kidney
asen *(f)* -nau	rib
asgwrn *(m)* esgyrn	bone
asgwrn cefn	backbone, spine
blewyn *(m)* blew	hair (on the body)
bogail *(f/m)* bogeiliau	belly button, navel
bol *(m)* -iau	stomach
bola *(m) (SW)*	stomach
botwm bol *(m) (dom)*	belly button
brest *(f)* -iau	chest
bron *(f)* -nau	breast
cael fy ngwynt ataf i	to get my breath back
calon *(f)* -au	heart
cefn *(m)* -au	back
cesail *(f)* ceseiliau	armpit
(dan ei gesail	under his arm)
cig *(m)*	flesh
cig a gwaed	flesh and blood
cnawd *(m)*	flesh
corff *(m)* cyrff	body
corfforol	physical
croen *(m)* crwyn	skin
cryfder *(m)* -au	strength
curiad y gwaed/galon	pulse, heartbeat
cyhyr *(m)* -au	muscle
cyhyrog	muscular
cylla *(m)* -on *(SW)*	stomach

chwys *(m)*	perspiration, sweat
chwys diferyd/domen	dripping with sweat
chwysu	to sweat
chwysu chwartiau	to sweat buckets
di-asgwrn-cefn	spineless, feeble
esgyrnog	bony
gewyn *(m)* -nau, gïau	tendon, sinew
gwaed *(m)*	blood
gwaedlyd	bloody
gwaedu	to bleed
gwasg *(m)* -au, -oedd, gweisg	waist
gwendid *(m)* -au	weakness
gwynt *(m)*	breath,
gwythïen *(f)* -nau	vein
iau *(m)* ieuau *(NW)*	liver
man geni *(m)*	birth mark
mynwes *(f)* -au	breast, bosom
nerf *(f)* -au	nerve
nerth *(m)* -oedd	strength
nerth bôn braich	physical force
nerth braich ac ysgwydd	with might and main
noeth	bare, naked
noethlymun	nude
perfedd *(m)* -ion	intestine
rhydweli *(m)* rhydwelïau	artery
traul *(f)*	digestion
(mae diffyg traul arnaf i	I've got indigestion
mae dŵr poeth arnaf i	I've got indigestion)
mae llosg cylla arnaf i *(SW)*	I've got indigestion)
treulio	to digest
(y)sgerbwd *(m)* (y)sgerbydau	skeleton
ysgwydd *(f)* -au	shoulder
ysgyfaint *(pl)*	lungs
ystlys *(f)* -au	side
(mae gen i bigyn yn fy ystlys	I've got a stitch)

6. Arm and hand

arddwrn *(m)* arddyrnau	wrist
bawd *(f)* bodiau	thumb
braich *(f)* breichiau	arm
(fraich ym mraich	arm in arm)
bys *(m)* -edd	finger
cledr y llaw	palm of the hand
cledrau'r dwylo *(pl)*	
codi llaw ar rywun	to wave to someone
cofleidio	to embrace
cwtsh *(f/m) (SW) (dom)*	hug
cwtshio *(SW) (dom)*	to hug
dwrn *(m)* dyrnau	fist
elin *(f)* -au, -oedd	elbow, forearm
estyn bys at rywbeth	to point a finger at something
ewin *(f/m)* -edd	nail
gafael (yn)	to grab, to seize
llaw *(f)* dwylo, dwylaw	hand
(law yn llaw	hand in hand)
llaw chwith	left hand
llaw dde	right hand
migwrn *(m)* migyrnau	knuckle
pant y llaw *(m)*	palm of the hand
penelin *(f/m)* -oedd	elbow
pwyntio at	to point at
siglo llaw â rhywun *(SW)*	to shake hands with someone
tor y llaw *(f)* torrau'r dwylo	palm of the hand
ysgwyd llaw â rhywun *(NW)*	to shake hands with someone

7. Foot and leg

ar flaenau fy nhraed	on tip toes
ar fy mhedwar	on all fours
arffed *(f)* -au *(SW)*	lap
bawd *(f)* bodiau	big toe
bol y goes *(m)* bolau'r goes *(NW)*	calf
bola'r goes *(m) (SW)*	calf
bys (troed) *(m)* bysedd (troed)	toe
clun *(f)* -iau	hip, thigh

coes *(f)* -au	leg
croth *(f)* -au	calf
cyrcydu	to squat
(yn fy nghwrcwd	squatting)
ffêr *(f)* fferau	ankle
glin *(m)* -iau *(NW)*	lap
gwadn *(m)* -au	sole
migwrn *(m)* migyrnau	ankle
pen-glin *(f)* pennau gliniau	knee
penlinio	to kneel
pen-ôl *(m)*	backside
sawdl *(f/m)* sodlau	heel
tin *(f)* -au	bottom
troed *(f/m)* traed	foot
troi fy sawdl	to twist my ankle

8. Motion and rest

ar fin	about to
(dw i ar fin mynd	I'm about to go)
araf	slow
arafu	to slow down
aros	to stay, to wait
baglu	to trip up
brasgamu	to stride
brys *(m)*	hurry
(ar frys/mewn brys	in a hurry)
brysio	to hurry
cam *(m)* -au	step
camu	to step
canlyn	to follow
cario	to carry
cerdded	to walk
cerdded yn droednoeth	to walk barefoot
cerdded yn nhraed fy (ho)sanau	to walk in my socks
cloffi	to lame, to limp
cloffni *(m)*	lameness
cloi *(SW)* *(sl)*	fast
cludo	to carry
codi	to get up, to rise

croesi	to cross
cropian	to crawl
crwydro	to wander
cwympo *(SW)*	to fall
cydio	to grasp, to hold
cyflym	fast
cyflymu	to speed up
cyrraedd	to arrive
dal	to catch, to hold
damsang *(SW)*	to trample
dilyn	to follow
disgyn *(NW)*	to descend, to fall
dod	to come
dod â	to bring
dringo	to climb
dychwelyd	to return
ei goleuo hi *(NW)*	to dash off, to scarper
eistedd	to sit
(codi ar fy eistedd	to sit up)
esgyn	to ascend
estyn	to reach, to stretch
gadael	to leave
gafael yn	to grasp, to hold
gorffwys	to rest
gorwedd	to lie down
gwthio *(NW)*	to push
hast *(m) (SW)*	hurry
(ar hast/mewn hast *(SW)*	in a hurry)
hebrwng	to accompany, to escort
heglu	to foot it, to dash off
hwp(i)o *(SW)*	to push
llam *(m)* -au	jump
llamu	to jump
llithro	to slip
llithrig	slippery
llusgo	to drag
mynd	to go
mynd â	to take
mynd nôl *(NW)*	to fetch

naid *(f)* neidiau	jump
neidio	to jump
para/parhau	to continue
plygu	to bend
pwyso ar	to lean on
rhedeg	to run
rhedeg nerth fy nhraed	to run flat out
rhoi	to place, to put
(rhoi o'r neilltu	to put aside
rhoi'r ffidil yn y to	to give up, to pack in
rhoi'r gorau i rywbeth	to give up something)
sathru *(NW)*	to trample
sefyll	to stand
sefyll yn stond	to stand stock still
sefyllian	to hang around, to loiter
siglo	to rock, to shake
stopio	to stop
stopio'n stond	to stop stock still
symud	to move
syrthio *(NW)*	to fall
troi	to turn
troi'n ôl	to turn back
tynnu	to pull
ymadael	to leave
ymestyn	to extend, to stretch
ymofyn/moyn *(SW)*	to fetch

9. Physical appearance, shape and state

anwastad	uneven
bach	small
bychan	little
byr	short
caled	hard
cawr *(m)* cewri	giant
colli pwysau	to lose weight
corrach *(m)* corachod	dwarf
cryf	strong
cryfhau	to strengthen
cul	narrow

cyfyng	confined, narrow
cyrliog	curly
da	good
del *(NW)*	pretty
di-fin	blunt
diflas	boring, miserable
drwg	bad
eang	wide
egni *(m)* egnïon	energy
egnïol	energetic
ehangu	to widen
enfawr	enormous
ennill pwysau	to put on weight
ffroenuchel	disdainful, haughty
ffurf *(f)* -iau	form
glân	beautiful
glandeg	comely, lovely
golau	fair
golwg *(f)*	appearance
(dyn hyfryd yr olwg	a good-looking man
dyn hyll yr olwg	an ugly-looking man
mae golwg dda arno	he looks well)
golygus	handsome
gorau	best
gwaeth	worse
gwaethaf	worst
gwan	weak
gwanhau	to weaken
gwell	better
hagr	ugly
hagru	to disfigure, to mar
hardd	beautiful
harddwch *(m)*	beauty
hen	old
hir	long
hirgrwn	oval
hirsgwar	oblong
hyfryd	lovely
hyll	ugly

ieuanc	young
ifanc	young
isel	low
llun *(m)* -iau	form
llydan	wide
llym	sharp
magu bol	to put on weight (around the stomach)
mawr	big, great, large
meddal	soft
miniog	sharp
newydd	new
newydd sbon	brand new
newydd sbon danlli (grai)	brand spanking new
pert *(SW)*	pretty
prydferth	beautiful
prydferthwch *(m)*	beauty
pwys *(m)* -au	weight
(faint ydy'ch pwysau chi?	what's your weight?)
salw *(SW)*	ugly
sgwâr	square
sionc	agile, nimble
syth	straight
tal	tall
taldra *(m)*	height
tebyg	similar
teg	pretty
tenau	thin
tew	fat
tlws	pretty
trwchus	thick
trwm	heavy
uchel	high
ysgafn	light

10. Senses

arogleuo *(NW)*	to smell
awydd *(m)* -au	desire, inclination
(does dim awydd mynd arnaf i	I don't feel like going)
blas	taste
blasu	to taste
byddar	deaf
clyw *(m)*	hearing
(trwm fy nghlyw	hard of hearing)
clywed	to hear
clywed (arogl)	to smell
codi ofn ar rywun	to frighten someone
craffu ar	to stare at
cyffwrdd	to touch
chwant *(m)* -au	desire
(does dim chwant mynd arnaf i	
(SW)	I don't feel like going)
dall	blind
disgwyl *(SW)*	to look
drewi	to smell, to stink
drewllyd	smelly, stinking
edrych	to look
edrych am	to look for
edrych ar	to look at
golwg *(m)*	eyesight
(o'r golwg	out of sight
yn y golwg	in sight)
gweld	to see
gwrando ar	to listen to
gwrando'n astud	to listen intently
gwylio	to mind, to watch
gwynt *(m)* -oedd	smell, stink
gwyntio *(SW)*	to smell
mud	dumb, mute
mud a byddar	deaf and dumb
ofn *(m)* -au	fear
(mae ofn arnaf i	I am frightened)
sensitif	sensitive
sylwi (ar)	to notice

syllu ar	to stare at
synnwyr *(m)* synhwyrau	sense
synhwyro	to sense
synhwyrol	sensible
synhwyrus	sensual
teimlo	to feel, to touch
teimlad *(m)* -au	feeling
teimladwy	sensitive

11. Health and sickness (general)

afiach	sick, unhealthy
afiechyd *(m)* -on	disease, malady
allan o'm cof	out of my mind
anabl	disabled
anabledd *(m)*	disability
anaf *(m)* -au, -iadau	defect, wound
anafu	to wound
beth sydd o'i le arnoch chi?	what's wrong with you?
beth sy'n bod (arnoch chi)?	what's the matter (with you)?
be' sy'? *(sl)*	what's the matter?
brifo	to ache, to hurt
bregus	fragile
caeth	bound, captive
caeth i gyffuriau	addicted to drugs
clais *(m)* cleisiau	bruise
cleisiau byw	bruised all over
clwyf *(m)* -au	wound
clwyfo	to wound
clwyfus	sick, sore
cosi	to itch
craith *(f)* creithiau	scar
crynu	to shake
cydymdeimlo	to sympathise
cydymdeimlad *(m)*	sympathy
cyflwr *(m)* cyflyrau	condition
chwyd *(m)*	vomit
chwydu	to vomit, to be sick
dioddef	to suffer
dioddefaint *(m)*	suffering

dioddefwr *(m)* dioddefwyr	sufferer
dolur	pain, grief
dolurio *(SW)*	to pain, to grieve
dolurus	painful
esgeulus	careless, negligent
esgeuluso	to neglect
esgeulustod *(m)*	negligence
gwael	poor, ill
gwaeledd *(m)*	illness
gwaethygu	to worsen
gwallgofddyn *(m)* -ion	madman
gwallgofrwydd *(m)*	madness, insanity
gwella	to improve, to get better
gwelliant *(m)* gwelliannau	improvement
gwenwyn *(m)* -au	poison
gwenwynig	poisonous
gwenwyno	to poison
gwynegu *(SW)*	to ache, to hurt
heintio	to infect
heintus	infectious, contagious
holliach	totally fit, well
iach	healthy, well
iacháu	to cure, to heal
iachâd *(m)*	cure, healing
iachus	healthy, wholesome
iechyd *(m)*	health
loes *(SW)*	ache, pain
(gwneud loes i rywun *(SW)*	to hurt someone
peri loes *(SW)*	to cause pain, to cause grief)
lleddfu	to soothe
lleddfu'r boen	to allay the pain
llesg	feeble, weak
llewygu	to faint
llido	to inflame
llidus	inflamed
lloerig	lunatic
llosgiad *(m)* -au	burn
niwed *(m)* niweidiau	harm, injury
niweidio	to harm, to injure

niweidiol	harmful
poen *(f/m)* -au	pain, grief
poeni	to pain, to worry, to grieve
poenus	painful
rhynnu	to freeze (person and animal)
sâl *(NW)*	poor, ill
salwch *(m)*	illness
smocio	to smoke
swp sâl *(NW)*	sick as parrot, sick as a dog
tost *(SW)*	poor, ill
tostrwydd *(m)* *(SW)*	illness
tymheredd *(m)*	temperature
yn fyw ac yn iach	alive and well
ysmygu	to smoke

12. Diseases and illnesses

annwyd *(m)* anwydau, -on	cold
(mae annwyd arnaf i	I've got a cold)
brech *(f)*	pox
brech goch	measles
brech goch yr Almaen	German measles
brech wen	small pox
brech y gwair	hayfever
brech yr ieir	chicken pox
clefyd *(m)* -au	disease, fever
clefyd melyn	jaundice
clefyd melys/siwgwr	diabetes
clefyd y galon	heart disease
clefyd y gwair	hayfever
clwyf melyn *(m)* *(NW)*	jaundice
clwyf pennau *(m)* *(NW)*	mumps
cornwyd *(m)* -ydd *(SW)*	boil
cryd cymalau *(m)* *(NW)*	rheumatism
chwysigen *(f)* chwysigod	blister
dafaden *(f)* -nau	wart
dal annwyd	to catch a cold
dicáu *(m)*	tuberculosis
ffliw *(f/m)*	flu
(mae arnaf i'r ffliw	I've got the flu)

gwynegon *(m) (SW)*	rheumatism
llid *(m)*	inflammation
llid yr ymennydd	meningitis
llid yr ysgyfaint	pneumonia
malaria *(m)*	malaria
niwmonia *(m)*	pneumonia
pendduyn *(m)* -nod *(NW)*	boil
ploryn *(m)* -nod *(NW)*	pimple
pothell *(f)* -au, -i	blister
pwysedd gwaed uchel	high blood pressure
swigen *(f)* swigod *(dom)*	blister
tosyn *(m)* tosau *(SW)*	pimple
trawiad ar y galon	heart attack, stroke
twymyn *(f)* -au *(SW)*	fever
twymyn goch *(SW)*	scarlet fever
twymyn doben *(SW)*	mumps
wlser *(m)* -au	ulcer
wlser stumog	stomach ulcer

13. Hospital

ambiwlans *(m)* -ys	ambulance
anesthetig	anaesthetic
arbenigwr *(m)* arbenigwyr	specialist
archwilio	to examine
brechiad *(m)* -au	vaccination
brechu	to vaccinate
claf *(m)* cleifion	patient, sick person
cyffur *(m)* -iau	drug
cymorth *(m)* cymhorthion	aid, support
cymorth cyntaf	first aid
chwistrelliad *(m)* -au	injection
dim ysmygu	no smoking
doctor *(m)* -iaid	doctor
eli *(m)* elïoedd	ointment
ffisig *(m) (NW)*	medicine
gofal *(m)* -on	care, charge
gofalu dros	to look after, to care for
gofalus	careful

Gwasanaeth Iechyd Gwladol ('GIG')	National Health Service ('NHS')
llawdriniaeth *(f)* -au	operation
llawfeddyg *(f/m)* -on	surgeon
llawfeddygaeth *(f)*	surgery
llawfeddygol	surgical
meddyg *(m)* -on	doctor
meddygaeth *(f)*	medicine (subject)
meddygfa *(f)* meddygfeydd	(doctor's) surgery
meddyginiaeth *(f)* -au	medicine, cure
meddygol	medical
moddion *(pl) (SW)*	medicine
nyrs *(f/m)* -ys	nurse
nyrsio	to nurse
pelydr-X *(m)* pelydrau-X	X-ray
pigiad *(m)* -au	injection
pilsen *(f)* pils	pill
plastr *(m)* -au	plaster
presgripsiwn *(m)* presgripsiynau *(pl)*	prescription
rhoddwr gwaed *(m)* rhoddwyr gwaed *(pl)*	blood donor
rhwymyn *(m)* -nau	bandage
tabled *(m)* -i	tablet
trallwysiad gwaed *(m)* trallwysiadau gwaed *(pl)*	blood transfusion
trawsblannu	to transplant
trin	to treat
triniaeth *(f)* -au	treatment
triniaeth lawfeddygol *(f)* triniaethau llawfeddygol *(pl)*	operation
theatr lawdriniaeth *(f)* theatrau llawdriniaeth *(pl)*	operating theatre
ward *(m)* -iau	ward
ymdrin â	to deal with
ysbyty *(m)* ysbytai	hospital
ysbyty meddwl	mental institution

ii Life in general

14. Family and relations

amddifad *(m)* amddifaid	orphan
anti *(f) (dom)*	aunty
brawd *(m)* brodyr	brother
brawd-yng-nghyfraith	brother-in-law
cefnder *(m)* -oedd, cefndyr	male cousin
cefndryd *(pl)*	
cyfnither *(f)* -oedd	female cousin
cyw *(m)* -ion *(dom)*	child
(cyw) bach y nyth *(dom)*	youngest child, baby of the family
chwaer *(f)* chwiorydd	sister
chwaer-yng-nghyfraith	sister-in-law
ewythr *(m)* -edd	uncle
gefeilles *(f)* -au	twin
gefell *(m)* gefeilliaid	twin
(yr efeilliaid	the twins)
gorwyr *(m)* -ion	great-grandson
gorwyres *(f)* -au	great-grand-daughter
gŵr *(m)* gwŷr	man, husband
gŵr priod	married man
gwraig *(f)* gwragedd	woman, wife
gwraig briod	married woman
hen daid/nain *(NW)*	great-grandfather/grandmother
hen dad-cu/fam-gu *(SW)*	great-grandfather/grandmother
llwyth *(m)* -au	tribe
llyschwaer *(f)* llyschwiorydd	step-sister
llysfab *(m)* llysfeibion *(SW)*	step-son
llysfam *(f)* -au *(SW)*	step-mother
llysferch *(f)* -ed *(SW)*	step-daughter
llysfrawd *(m)* llysfrodyr	step-brother
llystad *(m)* -au *(SW)*	step-father
mab *(m)* meibion	son
mab gwyn *(NW)*	step-son
mab-yng-nghyfraith	son-in-law
mabwysiadu	to adopt
mabwysiedig	adopted

mam *(f)* -au	mother
mam fedydd	Godmother
mam wen *(NW)*	step-mother
mam-gu *(SW)*	grandmother
mam-yng-nghyfraith	mother-in-law
merch *(f)* -ed	daughter, girl
merch-yng-nghyfraith	daughter-in-law
modryb *(f)* -edd	aunt
nai *(m)* neiaint	nephew
nain *(f)* neiniau *(NW)*	grandmother
nith *(f)* -oedd	niece
perthyn i	to be related to
perthynas *(f)* perthnasau	relative
rhiant *(m)* rhieni	parent
tad *(m)* -au	father
tad bedydd	Godfather
tad gwyn *(NW)*	step-father
tada *(NW)* *(dom)*	daddy
tad-cu *(SW)*	grandfather
tad-yng-nghyfraith	father-in-law
taid *(m)* teidiau *(NW)*	grandfather
teulu *(m)* -oedd	family
teulu-un-rhiant	single-parent family
tylwyth *(m)* -au *(SW)*	family
tynnu ar ôl	to take after
wncwl/yncl *(dom)*	uncle
ŵyr *(m)* wyrion	grandson
wyres *(f)* -au	granddaughter
yr un ffunud â	exactly like, spitting image

15. Life in general

aborsiwn *(m)* aborsiynau	abortion
aeddfed	mature
aeddfedu	to mature
ach *(f)* -au, -oedd	pedigree, lineage
anaeddfed	immature
ar fy mhen fy hun(an)	on my own
ar fy mhen fy hunan bach	all on my own
atal cenhedlu	contraception

baban *(adj)* -od	baby
babi *(f/m)* -s	baby
bachgen *(m)* bechgyn	boy
beichiog	pregnant
(mae hi'n disgwyl	she's expecting, she's pregnant)
benyw *(f)* -od	woman
bod	to be
bodolaeth *(f)*	existence
bodoli	to exist
boneddiges *(f)* -au	lady
boneddigion *(pl)*	nobility
bonheddwr *(m)* bonheddwyr	gentleman
byrhoedlog	short-lived
byw	to live
(yn byw	living
yn fyw	alive)
bywiog	lively
bywyd *(m)* -au	life
cenhedlaeth *(f)* cenedlaethau	generation
croten *(f)* crotesi *(SW)*	girl
crwyt(yn) *(m)* crwts *(SW)*	lad
cwrdd â *(SW)*	to meet
cydnabod *(m)*	acquaintance
cydymaith *(m)* cymdeithion	companion
cyfaill *(m)* cyfeillion	friend
cyfarfod *(m)* -ydd	meeting
cyfarfod â *(NW)*	to meet
disgynnydd *(m)* disgynyddion	descendant
dyn *(m)* -ion	man
dynes *(f)* *(NW)*	woman
dynoliaeth *(f)*	humanity
dynolryw *(pl)*	mankind
erthyliad *(m)* -au	miscarriage
erthylu	to miscarry
esgor ar	to give birth to
fodan *(f)* -s *(NW)* *(sl)*	woman
ffrind *(m)* -iau	friend
geneth *(f)* -od	girl
genedigaeth *(f)* -au	birth

genedigol *(adj)*	native
(dw i'n enedigol o Abertawe	I'm originally from Swansea)
geni	to be born
(ces i fy ngeni yn Abertawe	I was born in Swansea)
gennod *(pl) (NW) (sl)*	girls
gŵr bonheddig *(m)*	gentleman
gwŷr bonheddig *(pl)*	
gwreiddiol	original
(dw i o Abertawe'n wreiddiol	I'm from Swansea originally)
gwrywgydiwr *(m)* gwrywgydwyr	homosexual
gwrywgydiaeth *(f)*	homosexuality
hel achau	to research lineage
hel merched/dynion	to chase girls/men
henaint *(m)*	old age
heneiddio	to grow old
hogan *(f)* hogennod *(NW)*	girl
hogyn *(m)* hogiau *(NW)*	boy, lad
hynafiad *(m)* hynafiaid	ancestor
ieuenctid *(m)*	youth
lodes *(f)* -i *(SW)*	girl
llanc *(m)* -iau	lad
llances *(f)* -i *(SW)*	girl
llencyndod *(m)*	adolescence
llinach *(f)* -au	pedigree, lineage
maboed *(m)*	(boy's) infancy, childhood
magu	to bring up, to rear
(ces i fy magu yn Abertawe	I was brought up in Swansea)
meistr *(m)* -i, -iaid	master
meistres *(f)* -i	mistress
menyw *(f) (SW)*	woman
mewn gwth o oedran	in ripe old age
neb *(m)*	anyone
((does) neb	(there's) no one)
oedolyn *(m)* oedolion	adult
oedran *(m)* -nau	age
pawb	everybody, everyone
person *(m)* -au	person
plentyn *(f/m)* plant	child
plentyn siawns	illegitimate child

Life in general

plentyn gordderch *(SW)*	illegitimate child
plentyndod *(m)*	childhood, infancy
profiad *(m)* -au	experience
profiadol	experienced
rhyw *(f/m)* -iau	sex
rhywun *(m)*	someone
to *(f/m)*	generation
(y to sy'n codi	the younger generation)
tyfu	to grow
unrhyw un	anyone
ymddeol	to retire
ymddeoliad *(m)* -au	retirement
yr ifainc	the young

16. Love and marriage

anffyddlon	unfaithful
anffyddlondeb *(m)*	unfaithfulness
annwyl	dear
byw tali *(NW)*	to live together
canlyn	to go out with
cariad *(m)*	love
cariad *(f/m)* -au, -on	boyfriend, girlfriend
caru	to love
darpar-ŵr/wraig	fiancé(e)
dwlu ar *(SW)*	to dote on
dyweddïad *(m)*	engagement, betrothal
dyweddïo	to get engaged
ffyddlon	faithful
ffyddlondeb *(m)*	faithfulness
gwas priodas *(m)*	best man
gwirioni ar *(NW)*	to dote on
gwledd briodas *(f)*	wedding reception
gwleddoedd priodas *(pl)*	
hen ferch *(f)* -ed	spinster
hen lanc *(m)* -iau	batchelor
hoff o	fond of
mae brân i bob brân yn rhywle	there's somebody for everyone somewhere
mewn cariad (â)	in love (with)

mis mêl *(m)*	honeymoon
morynion priodas *(pl)*	bridesmaids
neithior *(f)* -au	wedding reception
perthynas *(f)* perthnasau	relationship
priod	married; husband or wife
priodas *(f)* -au	marriage
priodfab *(m)* priodfeibion	bridegroom
priodferch *(f)* -ed	bride
priodi	to marry
rhamant *(f)* -au	romance
rhamantus	romantic
serch *(m)* -iadau	affection, love
sboner *(m) (SW) (sl)*	boyfriend
wejen *(f) (SW) (sl)*	girlfriend
ysgariad *(m)* -au	divorce
ysgaru	to divorce

17. Death

angau *(f/m)*	death
angeuol	deadly, fatal
angladd *(f/m)* -au	funeral
amdo *(m)* -eau	shroud
amlosgi	to cremate
amlosgfa *(f)* amlosgfeydd	crematorium
arch *(f)* eirch	coffin
bedd *(m)* -au	grave
carreg fedd *(f)* cerrig bedd	gravestone
claddedigaeth *(f/m)* -au	burial
claddu	to bury
cynhebrwng *(m)* cynhebryngau *(NW)*	funeral
cysur *(m)* -on	comfort, consolation
cysurus	comforting, consoling
dan ei grwys	laid out for burial
ewyllys *(f)* -iau	will
galar *(m)*	mourning, sorrow
galaru	to mourn
galarus	mournful, sad
galarwr *(m)* galarwyr	mourner

gwasanaeth angladd *(m)*	funeral service
gwasanaethau angladd *(pl)*	
gweddw *(f)* -on	widow
gŵr gweddw *(m)* gwŷr gweddw	widower
lludw *(m)*	ashes
marw	to die
(yn marw	dying
yn farw	dead)
marwol	deadly, fatal
marwolaeth *(f)* -au	death
meirw, meirwon *(pl)*	dead (people)
mynwent *(f)* -ydd	cemetery
profedigaeth *(f)* -au	bereavement
torch *(m)* -au	wreath
tranc *(m)*	death, demise
trefnydd angladdau *(m)*	undertaker
trefnwyr angladdau *(pl)*	
trengi	to die
trigo *(SW)*	to die (animals)
tusw o flodau *(m)*	bunch of flowers
tusŵau o flodau *(pl)*	

iii The home

18. Housing

ar osod	to let
ar werth	for sale
bloc o fflatiau *(m)*	block of flats
blociau o fflatiau *(pl)*	
býngalo *(m)* -au, -s	bungalow
cartref *(m)* -i	home
cymdeithas tai *(f)*	housing association
cymdeithasau tai	
cymdogaeth *(f)* -au	neighbourhood
cymydog *(m)* cymdogion	neighbour
datblygu	to develop
datblygwr *(m)* datblygwyr	developer
di-gartref	homeless
fflat *(f)* -iau	flat
landlord *(f/m)* -iaid	landlord
lloches *(f)* -au	refuge, shelter
llochesu	to shelter
llogi	to hire
meddiannu	to occupy, to possess
meddiant *(m)* meddiannau	possession
mudo *(NW)*	to move house
noddfa *(f)* noddfâu, noddfeydd	refuge
perchennog *(m)* perchenogion	owner
perchenogaeth *(f)*	ownership
piau/biau	to own
(fi biau'r tŷ	I own the house)
preswylio	to dwell, to reside
preswylydd *(m)* -ion	inhabitant, dweller
rhent *(m)* -i	rent
rhentu	to rent
symud tŷ	to move house
tenant *(m)* -iaid	tennant
tirfeddiannwr *(m)* tirfeddianwyr	landowner
twll o le *(m)*	dump, horrible place
tŷ *(m)* tai	house
tŷ haf	second home, holiday cottage

tŷ teras | terrace house
ymgartrefu | to settle down, to set up home

19. Construction

adeilad *(m)* -au | building
adeiladu | to build
adeiladwr *(m)* adeiladwyr | builder
adfer | to restore
berfa *(f)* berfâu *(NW)* | wheelbarrow
bric *(m)* -iau | brick
bwyell *(f)* bwyeill | axe
caib *(f)* ceibiau | mattock, pick-axe
codi | to build
coed *(m)* | timber, wood
concrit *(m)* | concrete
cribin *(f/m)* -iau *(NW)* | rake
cŷn *(m)* cynion *(NW)* | chisel, wedge
cyweirio *(SW)* | to mend, to repair
chwalu | to destroy, to scatter
deheuig | dexterous, skilful
dril *(m)* -iau | drill
drilio | to drill
dymchwel | to demolish
estyllen *(f)* estyll | plank, board
feis *(f)* -iau | vice
ffeil *(f)* -iau | file
ffeilio | to file
gaing *(f)* geingiau *(SW)* | chisel
glud *(m)* -ion | glue
gludio | to glue
gordd *(f)* gyrdd | mallet, sledge hammer
gosod y sylfeini | to lay the foundations
gwneud·y tro | to do the job, to do the trick; to suffice

hoelen *(f)* hoelion | nail
hoelio | to nail
llif *(f)* -iau | saw
  (blawd llif *(m)* | sawdust)

llifio	to saw
morthwyl *(m)* -ion	hammer
morthwylio	to hammer
offeryn *(m)* offer	tool
pâl *(f)* palau	spade
palu	to dig
pensaer *(m)* penseiri	architect
plaen *(m)* -au, iau	plane
pliars *(m)*	pliers
plymwr *(m)* plymwyr	plumber
pren *(m)*	timber, wood
rhaca *(m)* -nau *(SW)*	rake
rhaw *(f)* -iau, rhofion	shovel; spade *(NW)*
rhyddhau	to free, to loosen
saer (coed) *(m)* seiri (coed)	carpenter
saer maen *(m)* seiri maen	stone mason
safle adeiladu *(m)* safleoedd adeiladu *(pl)*	building site
sail *(f)* seiliau	base, foundation
sbaner *(m)* -i	spanner
sgaffald *(m)* -au	scaffolding
sgriw *(f)* -iau	screw
sgriwdreifer *(m)* -s	screwdriver
sment *(m)*	cement
sownd	firm, solid
sylfaen *(f)* sylfeini	foundation
trwsio *(NW)*	to mend, to repair
whilber *(f/m)* -i *(SW)*	wheelbarrow
ysgol *(f)* -ion	ladder

20. The house

aelwyd *(f)* -ydd	hearth
agoriad *(m)* -au *(NW)*	key
allwedd *(f)* -i, -au *(SW)*	key
bwlyn *(m)* bwlynnau	knob
caead *(m)* -au	shutter, cover
canllaw *(f/m)* -iau	handrail, bannister
clawr *(m)* cloriau *(SW)*	cover

clo *(m)* -eau	lock
cloch *(f)* clychau	bell
(canu'r gloch	to ring the bell)
cloi	to lock
colyn *(m)* -nau	hinge
coridor *(m)* -au	corridor
cyntedd *(m)* -au	lobby, porch
datgloi	to unlock
dolen *(f)* -nau, -ni	handle
drws *(m)* drysau	door
(curo wrth y drws	to knock at the door
drws cefn	back door
drws ffrynt	front door
wrth y drws	at the door)
ffenestr *(f)* -i	window
gartref	at home
gris *(m)* -iau *(NW)*	stair
(i fyny'r grisiau *(NW)*	upstairs)
gwal *(f)* -iau, gwelydd	wall
gwydr *(m)* -au	glass
lan lofft *(SW)*	upstairs
lifft *(m)* -iau	lift
lolfa *(f)* lolfeydd	lounge
llawr *(m)* lloriau	floor
llofft *(f)* -ydd	loft
mur *(m)* -iau	wall
mynd adref	to go home
mynd i mewn	to go in, to enter
mynd tua thre *(SW)*	to go home
mynediad *(m)* -au	entrance
nenfwd *(m)* nenfydau	ceiling
neuadd *(f)* -au	hall
oriel *(f)* -au	gallery, balcony
pared *(m)* parwydydd	wall, partition wall
parth *(m)* -au	floor, hearth
pentan *(m)* -au	hob
porth *(m)* pyrth	porch, door
rhiniog *(f)* -au	threshold

staer *(pl)* *(SW)*	stairs
(i fyny staer *(NW)*	upstairs
lan staer *(SW)*	upstairs)
stepan y drws *(m)* *(dom)*	doorstep
teilsen *(f)* teils	tiles
to *(m)* -eau	roof
to llechi	slate roof
to gwellt	thatched roof
trawst *(m)* -iau	beam
trothwy *(m)* -au	threshold
(y)stafell *(f)* -oedd	room
(y)stafell fyw	living room

21. Heating and light

batri *(m)* -s, batrïau	battery
bwlb *(m)* bylbiau	bulb
cannwyll *(f)* canhwyllau	candle
canhwyllbren *(f/m)* -au	candlestick
canwyllbrenni *(pl)*	
cynnau	to light, to turn on, to kindle
deifio *(NW)*	to singe
diffodd	to extinguish, to turn off
dyn glo *(m)* dynion glo	coal man
ffiws *(m)* -ys, -iau	fuse
fflam *(f)* -au	flame
golau *(m)* goleuadau, goleuon	light
goleuni *(m)*	light
goleuo *(NW)*	to light
gwenfflam	ablaze
gwifren *(f)* gwifrau	wire
gwreichionen *(f)* gwreichion	spark
gwres *(m)*	heat
gwres canolog	central heating
gwresogi	to heat
gwresogydd *(m)* -ion	heater
gwresogydd troch	immersion heater
hyddygl *(m)*	soot
lamp *(f)* -au	lamp

lle tân *(m)* lleoedd tân	fireplace
llosgi	to burn
marwydos *(pl)*	embers
matsen *(f)* matsys	match
mwg *(m)*	smoke
mygu	to smoke (fire)
nam trydanol *(m)* namau trydanol	electrical fault
plwg *(m)* plygiau	plug
rhuddo *(SW)*	to singe
silff ben tân *(f)*	mantlepiece
silffoedd ben tân *(pl)*	
simnai *(f)* simneiau	chimney
tân *(m)* tanau	fire
tân trydan	electric fire
trydan *(m)*	electricity
trydanol	electric
trydanwr *(m)* trydanwyr	electrician
weiren *(f)* weiars	wire

22. Furniture

addurn *(m)* -au, -iadau	ornament
addurno	to decorate
bord *(f)* -ydd *(SW)*	table
bwrdd *(m)* byrddau *(NW)*	table
cadair *(f)* cadeiriau	chair
cadair freichiau	armchair
carped *(m)* -au, -i	carpet
celfi *(pl)* *(SW)*	furniture
celficyn *(m)* *(SW)*	piece of furniture
clustog *(f/m)* -au	cushion
clyd	cosy
crud *(m)* -(i)au	cradle
cyfforddus/cyffyrddus	comfortable
cwpwrdd *(m)* cypyrddau	cupboard
cwpwrdd dillad	clothes cupboard, wardrobe
dodrefn *(pl)* *(NW)*	furniture
dodrefnu	to furnish
dodrefnyn *(m)* *(NW)*	piece of furniture
dresel *(m)* -au, -i	Welsh dresser

drôr *(m)* drors	drawer
eiddo coll *(pl)*	lost property
eiddo tŷ *(pl)*	house contents
gwedd *(f)* -au	appearance
(ar ei newydd wedd	in its new guise)
gweddnewid	to transform
gweddu	to suit
hongian	to hang
llen *(f)* -ni	curtain
mainc *(f)* meinciau	bench
mat *(m)* -iau	mat
papur wal *(m)*	wallpaper
papuro	to wallpaper
sedd *(f)* -au	seat
silff lyfrau *(f)*	bookshelf
silffoedd llyfrau *(pl)*	
soffa *(f)* -s	sofa
stôl *(f)* stolion	stool

23. Bedroom and sleeping

ar ddihun *(SW)*	awake
blanced *(f)* -i	blanket
breuddwyd *(f/m)* -ion	dream
breuddwydio	to dream
cae nos *(dom)*	bed
cae sgwâr *(dom)*	bed
carthen *(f)* -nau, -ni *(SW)*	blanket, coverlet
codi	to get up
cynfas *(m)* -au *(NW)*	sheet
cysglyd	sleepy
cysgu	to sleep
(yn cysgu	asleep)
chwyrnu	to snore
deffro *(NW)*	to wake up
dihuno *(SW)*	to wake up
effro *(NW)*	awake
gobennydd *(m)* gobenyddion	pillow
gwely *(m)* -au, gwelâu	bed
gwneud y gwely	to make the bed

gwrthban *(m)* -nau *(NW)*	blanket
hepian cysgu	to doze
hunllef *(f)* -au	nightmare
lliain *(m)* llieiniau	sheet
llofft *(f)* -ydd *(NW)*	bedroom
matras *(m)* matresi	mattress
mynd i glwydo *(dom)*	to go to bed
mynd i gysgu	to go to sleep
mynd i'r gwely	to go to bed
(y)stafell wely *(f)*	bedroom
(y)stafelloedd gwely *(pl)*	

24. Bathroom

adlewyrchiad *(m)* -au	reflection
adlewyrchu	to reflect
basn *(m)* -au	basin
basn ymolchi	wash basin
bath *(m)* -iau	bath
boiler *(m)* -i	boiler
brws *(m)* -ys	brush
brws dannedd	toothbrush
brws gwallt	hair brush
brwsio	to brush
cawg ymolchi *(m)*	wash basin
cawgiau ymolchi *(pl)*	
cawod *(m)* -ydd	shower
clorian *(f/m)* -nau *(NW)*	weighing scales
clwtyn *(m)* clytiau	flannel
colur *(m)* -au	make-up
coluro	to make-up
crib *(f)* -au	comb
cribo	to comb
drych *(m)* -au	mirror
eillio	to shave
ellyn *(m)* -au, -od	razor
ffeil ewinedd *(f)*	nail file
ffeiliau ewinedd *(pl)*	
gefel fach *(f)*	tweezers
lle chwech *(m)* *(dom)*	toilet

lliain (sychu) *(m)*	towel
llieiniau (sychu) *(pl)*	
minlliw *(m)* -iau	lipstick
papur tŷ bach *(m)*	toilet paper
past dannedd *(m)*	toothpaste
powdr *(m)* -au	powder
powdro	to powder
rasal *(f)* raselydd	razor
sebon *(m)* -au	soap
siafio	to shave
siampŵ *(m)* -au, -s	shampoo
sinc *(m)* -iau	sink
tafol *(f)* *(SW)*	weighing scales
tanc dŵr *(m)* tanciau dŵr	water tank
tap *(m)* -iau	tap
tap dŵr poeth	hot water tap
tap dŵr oer	cold water tap
toiled *(m)* -au	toilet
tŷ bach *(m)* *(dom)*	toilet
tywel *(m)* -ion	towel
ymdrochi	to bathe
ymolchi	to wash (one's self)
ysbwng *(m)*	sponge
(y)stafell ymolchi *(f)*	bathroom
(y)stafelloedd ymolchi *(pl)*	

25. Cleaning

anniben *(SW)*	untidy
annibendod *(m)* *(SW)*	untidiness
basged *(f)* -i, -au	basket
baw *(m)*	dirt, filth
bin ysbwriel *(m)*	dustbin
biniau ysbwriel *(pl)*	
blêr *(NW)*	untidy
blerwch *(m)* *(NW)*	untidiness
brwnt *(SW)*	dirty
bryntni *(m)* *(SW)*	filth
budr *(NW)*	dirty
budreddi *(m)* *(NW)*	filth

bwced *(f/m)* -i	bucket
cadach *(m)* -au *(NW)*	rag, duster
clwt *(m)* clytiau *(SW)*	rag, duster
cymhennu *(SW)*	to tidy up
cymoni *(SW)*	to tidy up
dilychwin	spotless
driphlith draphlith	higgledy-piggledy
dwster *(m)* -i	duster
dyn ysbwriel *(m)*	dustbin man
dynion ysbwriel *(pl)*	
fel pìn mewn papur	immaculate, very clean
glân	clean
glanhau	to clean
glanhawr *(m)* glanhawyr	cleaner
glendid *(m)*	cleanliness
gloyw	bright, shiny
gloyw glân	very clean, immaculate, shining
gollwng	to release, to leak, to drop
gwaith glanhau *(m)*	cleaning, housework
gwaith tŷ *(m)*	housework
hel llwch	to gather dust
llanast(r) *(m)*	mess
(gwneud llanast	to make a mess)
llnau *(NW)* *(sl)*	to clean
llwch *(m)*	dust
pibell *(f)* -au, -i	pipe, tube
rhwbio	to rub
sgwrio	to scour
sothach *(pl)*	refuse, rubbish
stomp *(f)*	mess
stompio	to mess up
taclus	tidy
tacluso *(NW)*	to tidy
taclusrwydd *(m)*	tidiness
tynnu llwch	to dust
traed moch	untidy, messy
trochi *(SW)*	to dirty
ysbwriel *(m)*	litter, rubbish
ysgubo	to brush, to sweep

iv Food

26. Meals and cooking (general)

anfwytadwy	inedible
ar fy nghythlwng	starving
arlwy *(f/m)* -au, -on	feast; provision
arlwyaeth *(f)*	catering
arlwyo	to cook, to prepare food, to cater
blas *(m)*	taste
(di-flas	tasteless)
blasu	to taste
blasus	tasty
bwyd *(m)* -ydd	food
bwyta	to eat
bwytadwy	edible
cadach (golchi) llestri *(m)*	dish-cloth
cadachau (golchi) llestri *(pl)*	
caead *(m)* -au	cover, lid
cegin *(f)* -au	kitchen
cinio *(m)* ciniawau	dinner, lunch
(i ginio	for lunch)
clawr *(m)* cloriau *(SW)*	cover, lid
clwtyn (golchi) llestri *(m)*	dish-cloth
clytiau (golchi) llestri *(pl)*	
cnoi	to chew
cnoi'r cil	to chew the cud
coginio	to cook
cogydd *(m)* -ion	cook
cogyddes *(f)* -au	cook
cyllell *(f)* cyllyll	knife
(cyllell fara	bread knife
cyllell drydan	electric knife)
darpariaeth *(f)* -au	provision
darparu	to provide
eisiau bwyd	to want food
(dw i eisiau bwyd *(NW)*	I'm hungry
dw i'n moyn bwyd *(SW)*	I'm hungry)

dyn llaeth *(m) (SW)*	milkman
dynion llaeth *(pl)*	
dyn llefrith *(m) (NW)*	milkman
dynion llefrith *(pl)*	
estyn *(NW)*	to pass
fforc *(f)* ffyrc	fork
ffrimpan *(f)* -au *(SW)*	frying pan
ffrio	to fry
ffwrn *(f)* ffyrnau *(SW)*	oven
golchi'r llestri	to wash the dishes
gosod y bwrdd	to lay the table
gwledd *(f)* -oedd	feast
gwledda	to feast
hambwrdd *(m)* hambyrddau	tray
hwylio *(NW)*	to prepare
llestr *(m)* -i	vessel, dish
lliain bwrdd *(m)*	tablecloth
llieiniau bwrdd *(pl)*	
llwgu *(NW)*	to be hungry
llwy *(f)* -au	spoon
(llwy bren	wooden spoon
llwy gawl	soup spoon)
llwyaid *(f)* llwyeidiau	spoonful
llysieuydd *(m)* llysieuwyr	vegetarian
microdonydd *(m)* -ion	microwave oven
mudferwi	to simmer
napcyn *(m)* -au	napkin
newyn *(m)*	famine, hunger
oergell *(f)* -oedd	fridge
padell *(f)* -au, -i, pedyll	pan
padell ffrio	frying pan
paratoi	to prepare
paratoad *(m)* -au	preparation
pasio	to pass
peiriant golchi llestri *(m)*	dishwasher
peiriannau golchi llestri *(pl)*	
plât *(m)* platiau	plate
popty *(m)* poptai *(NW)*	oven
pot *(m)* -iau	pot

profi	to taste
pryd o fwyd *(m)* prydau o fwyd	meal
rysáit *(f)* ryseitiau	recipe
rhewgell *(f)* -oedd	freezer
rhost *((adj)*	roast, roasted
rhostio	to roast
sosban *(f)* -nau	saucepan
starfo *(SW)* *(sl)*	to be hungry
stiwio	to stew
swper *(f/m)* -au	supper
(i swper	for supper)
te *(m)*	tea
(i de	for tea)
torri	to cut, to slice
tostiwr *(m)* -s	toaster
wrth y bwrdd	at the table
(y)stafell fwyta *(f)*	dining room
(y)stafelloedd bwyta *(pl)*	

27. Drinking

ar y sbri	on the booze, on the drink
arllwys *(SW)*	to pour, to spill
berw	boiling
berwi	to boil
bragdy *(m)* bragdai	brewery
bragiwr *(m)* bragwyr	brewer
bragu	to brew
brandi *(m)*	brandy
casgen *(f)* -ni, casgiau	barrel
coffi *(m)*	coffee
colli (dros rywbeth)	to spill (over something)
corcsgriw *(m)* -s	corkscrew
corcyn *(m)* cyrc	cork
cwpan *(f/m)* -au *(NW)*	cup
cwpanaid *(m)* cwpaneidiau *(NW)*	cup(ful)
((cw)panaid o de *(NW)*	a cup of tea)
cwrw *(m)* cyrfau	beer
chwerw	bitter
chwil	drunk

chwil gaib	drunk as a lord
chwisgi *(m)*	whisky
diferyn *(m)* diferion	drop
diod *(m)* -ydd	drink
drinc *(m)* *(SW)* *(sl)*	drink
dysgl *(f)* -au *(SW)*	dish
dysglaid *(m)* dysgleidiau *(SW)*	cup(ful)
(dysglaid o de *(SW)*	a cup of tea)
glasaid *(m)*	glass(ful)
glastwr *(m)*	milk and water
glastwraidd	watered down
glastwreiddio	to dilute, to water down
gwin *(m)* -oedd	wine
gwirod *(m)* -ydd	liquor, spirit
gwydraid *(m)* gwydreidiau	glass(ful)
(gwydraid o win	glass of wine)
gwydryn *(m)* gwydrau	(drinking) glass
honco post	completely drunk
hylif *(m)* -au	fluid, liquid
jwg *(f)* jygiau	jug
lager *(m)*	lager
lemonêd *(m)*	lemonade
llaeth *(m)* *(SW)*	milk
llefrith *(m)* *(NW)*	milk
llwyrymwrthodwr *(m)*	teetotaller
llwyrymwrthodwyr *(pl)*	
llymeitian	to sip
meddw	drunk
meddw gaib	blind drunk
meddwi	to get drunk
meddwyn *(m)* meddwon	drunkard
melys	sweet
potel *(f)* -i	bottle
potelaid *(f)* poteleidiau	bottleful
seidr *(m)*	cider
soser *(f)* -i	saucer
sudd *(m)* -ion	juice
sudd oren	orange juice
sur	sour

syched	thirst
(mae syched arnaf i	I'm thirsty)
te *(m)*	tea
tebot *(m)* -au	teapot
tegell *(m)* -au, -i *(NW)*	kettle
tegil *(m)* *(SW)*	kettle
tollti *(NW)* *(sl)*	to pour, to spill
torri syched	to quench thirst
tywallt *(NW)*	to pour, to spill
yfed	to drink
yfwr *(m)* yfwyr	drinker

28. Breakfast, snacks and sweets

bisgeden *(f)* bisgedi	biscuit
brecwast *(m)* -au	breakfast
(i frecwast	for breakfast)
cacen *(f)* -nau, -ni	cake
caws *(m)*	cheese
cneuen *(f)* cnau	nut
creision *(pl)*	crisps
creision ŷd *(pl)*	cornflakes
crempogen *(f)* crempog *(NW)*	pancake
cwstard *(m)*	custard
da-da *(pl)*	sweets
fferins *(pl)* *(NW)*	sweets
ffroesen *(f)* ffroes *(SW)*	pancake
grawnfwyd *(pl)* -ydd	cereal
hufen *(m)*	cream
hufen iâ	ice cream
jam *(m)*	jam
jeli *(m)* jelïau	jelly
losin *(pl)* *(SW)*	sweets
margarîn *(m)*	margarine
marmalêd *(m)*	marmalade
mêl *(m)*	honey
pancosen *(f)* pancos *(SW)*	pancake
pwdin *(m)* -au	dessert, pudding
siocled *(m)* -i	chocolate
siwgr *(m)*	sugar

tamaid *(m)* tameidiau	bite to eat
tamaid i aros pryd	snack to eat
tarten *(f)* -ni, -nau	tart
teisen *(f)* -nau	cake
teisen lap	type of fruit cake
tost *(m)*	toast
(y)menyn *(m)*	butter

29. Bread

bara *(m)*	bread
bara brown	brown bread
bara brith	current loaf
bara cyfanflawd	wholemeal bread
bara gwyn	white bread
bara ymenyn *(SW)*	slice of bread and butter
blawd *(m)* -iau, blodion	flour
brechdan *(f)* -au	sandwich, slice of bread and butter *(NW)*
briwsionyn *(m)* briwsion	crumb
can *(m)* *(SW)*	flour
crasu	to bake
crystyn *(m)* crystiau	crust
fflŵr *(m)* *(SW)*	flour
pisyn o fara *(m)* pisynnau o fara *(pl)*	piece of bread
pobi	to bake
rholyn *(m)* rholiau	roll
tafell *(f)* -au, -i	slice
toes *(m)*	dough
torth *(f)* -au	loaf

30. Savoury foods

bacwn *(m)*	bacon
bara lawr *(m)*	laver bread
biff *(m)* *(NW)*	beef
bloneg *(m)*	lard, fat
braster *(m)*	fat
brau	tender

cawl *(m) (SW)*	soup
cig *(m)* -oedd	meat
cig eidion *(SW)*	beef
cig llo	veal
cig moch	pork, bacon
cig oen	lamb
cyw iâr *(m)*	chicken
finegr *(m)*	vinegar
grefi *(m)*	gravy
gwydn	tough
halen *(m)*	salt
hallt	salty
ham *(m)* -iau	ham
mwstard *(m)*	mustard
pastai *(f)* pasteiod	pasty
porc *(m)*	pork
potes *(m) (NW)*	soup, broth
pupur *(m)*	pepper
pysgodyn *(m)* pysgod	fish
pysgod a sglodion	fish and chips
selsigen *(f)* selsig	sausage
sglodyn *(m)* sglodion	chip
tyner	tender
wy *(m)* -au	egg
(gwynnwy *(m)*	white of egg
melyn yr wy *(m)*	egg yolk
wyau amrwd	raw eggs)

31. Vegetables

asbaragws *(m)*	asparagus
blodfresychen *(f)* blodfresych	cauliflower
bresychen *(f)* bresych	cabbage
cabetsen *(f)* cabets	cabbage
caretsen *(f)* carets *(SW)*	carrot
cenhinen *(f)* cennin	leek
drwg	rotten
erfinen *(f)* erfin	turnip
ffa pob *(pl)*	baked beans
ffeuen *(f)* ffa	bean

garlleg *(pl)*	garlic
letysen *(f)* letys	lettuce
llysieuyn *(m)* llysiau	vegetable
madarchen *(f)* madarch	mushroom
(ma)shrwmpsyn *(m)*	mushroom
(ma)shrwmps *(pl) (dom)*	
meipen *(f)* maip	turnip
merllys *(pl)*	asparagus
moronen *(f)* moron	carrot
nionyn *(m)* nionod *(NW)*	onion
panasen *(f)* pannas	parsnip
pwdr	rotten
pysen *(f)* pys	pea
rwden *(f)* rwdins	swede
salad *(m)* -au	salad
taten, tatysen *(f)* tatws	potato
tato *(pl) (SW)*	potatoes
(tatws wedi'u berwi	boiled potatoes
tatws trwy'u crwyn *(NW)*	jacket potatoes
tatws trwy'u pil *(SW)*	jacket potatoes
tatws yn eu siacedi	jacket potatoes)
wynwynyn *(m)* wynwyn *(SW)*	onion
ysgewyll (Brysel) *(pl)*	(Brussel) sprouts

32. Fruit

aeddfed	ripe
afal *(m)* -au	apple
afanen *(f)* afan *(SW)*	raspberry
anaeddfed	unripe
banana *(f)* -s	banana
bricyllen *(f)* bricyll	apricot
casglu	to collect
ceiriosen *(f)* ceirios	cherry
cwrens *(pl)*	currants
cyrensen ddu *(f)* cwrens duon	blackcurrant
eirinen *(f)* eirin	plum
eirinen Fair	gooseberry
eirinen wlanog	peach

ffigysen *(f)* ffigys	fig
ffrwyth *(m)* -au	fruit
gellygen *(f)* gellyg	pear
grawnffrwyth *(m)* -au	grapefruit
grawnwinen *(f)* grawnwin	grape
hel	to collect
lemon *(m)* -s	lemon
llawn sudd	juicy
mafonen *(f)* mafon	raspberry
mefusen *(f)* mefus	strawberry
mwyaren ddu *(f)* mwyar duon	blackberry
oren *(f)* -au	orange
peren *(m)* pêr	pear
pinafal *(f)* -au	pineapple
rhesinen *(f)* rhesin	raisin
tomato *(m)* -s	tomato

v Clothes

33. Clothes (general)

chwaethus	tasteful
dillad (pl)	clothes
dilledyn (m)	piece of clothing
garw	coarse, rough
gwisg (f) -oedd	dress, costume, uniform
gwisgo	to wear
gwisgo amdanaf	to dress myself
llac (NW)	slack, loose
llacio	to loosen
llaes (NW)	long
main	fine, delicate
maint (m) meintiau	size
newid	to change
newid (m) -iadau	change
pen i waered	upside down
slac (SW)	slack, loose
trwsiadus	well-dressed
tu chwith(ig) allan (NW)	inside out
tu chwyneb allan (NW)	inside out
tu fewn tu fas (SW)	inside out
tu ôl ymlaen	back to front
tynhau	to tighten
tyn	tight
tynnu (dillad)	to take off (clothes)
wyneb i waered	upside down

34. Articles and parts of clothing

balog (f) -au, -ion (NW)	zip on trousers
barclod (m) -au	apron
blows (f) -ys	blouse
botwm (m) botymau	button
brat (m) -iau	pinafore
cadach poced (m)	handkerchief
cadachau poced (pl) (NW)	
cap (m) -iau	cap

cardigan *(f)* -au	cardigan
carrai *(f)* careiau·	shoelaces
cewyn *(m)* -nau, cawiau	nappy
clos *(m)* -au	breeches
clwt *(m)* clytiau	nappy
clytiau *(pl)*	rags
coban nos *(f)* cobanau nos *(NW)*	dressing gown
coler *(f/m)* -i	collar
copis *(m)* *(SW)*	zip on trousers
cot *(f)* -iau	coat
cot fawr	great coat
cot law	raincoat
cot nos	night shirt
crys *(m)* -au	shirt
crys isaf	vest
crys-T	T-shirt
dillad hamdden *(pl)*	casual wear
dillad isaf *(pl)*	underwear
dillad nofio *(pl)*	swimming costume
dillad nos *(pl)*	night clothes
esgid *(f)* -iau	shoe, boot
fest *(m)* -s	vest
ffedog *(f)* -au	apron
gwasgod *(f)* -au	waistcoat
gwisg nos *(f)*	night clothes
gŵn nos *(m)* gynau nos *(SW)*	dressing gown
gwregys *(m)* -au	belt
hances boced *(f)*	handkerchief
hancesi poced *(pl)* *(NW)*	
het *(f)* -iau	hat
hosan *(f)* -au	sock
coler *(f/m)* -i	collar
jîns *(pl)*	jeans
llawes *(f)* llewys	sleeve
(yn llewys fy nghrys	in my shirt sleeves
torchi fy llewys	to roll up my sleeves)
macyn *(m)* -au *(SW)*	handkerchief
maneg *(f)* menig	glove
neisied *(f)* -i *(SW)*	handkerchief

pâr *(m)* parau	pair
poced *(f/m)* -au, -i	pocket
sanau *(pl) (dom)*	socks, tights
sgarff *(f)* -iau	scarf
sgert *(f)* -iau	skirt
siaced *(f)* -i	jacket
siwmper *(f)* -i	jumper
siwt *(f)* -iau	suit
tei (m/f) -au	tie
trôns *(pl) (dom)*	underclothes, drawers, pants swimming trunks, shorts
trowsus *(m)* -au	trousers
trowsus melfared *(NW)*	corduroy trousers
trowsus rhib *(SW)*	corduroy trousers

35. Personal things

bag *(m)* -iau	bag
bag llaw	handbag
bag ysgol	school bag, satchel
breichled *(f)* -au	bracelet
camera *(m)* camerâu	camera
cetyn *(m)* catiau *(NW)*	pipe
clustlws *(m)* clustlysau	ear-ring
cyllell boced *(f)* cyllyll poced	penknife
ffon *(f)* ffyn	stick
gem *(f)* -au	gem, jewel
gemwaith *(m)*	jewellery
gwaled *(f)* -au	wallet
llyfr siec(iau) *(m)* llyfrau siec(iau) *(pl)*	cheque book
modrwy *(f)* -au	ring
modrwy briodas	wedding ring
modrwy ddyweddïo	engagement ring
modrwy glust	earring
pib *(f)* -au *(SW)*	pipe
pwrs *(m)* pyrsau	purse
sbectol *(f)*	glasses

sigarét *(f)* sigaretau	cigarette
(ty)baco *(m)*	tobacco
ymbarél *(m)*	umbrella

36. Dressmaking

allan o ffasiwn	out of fashion
botwm *(m)* botymau	button
brethyn *(m)* -nau	cloth
brethyn cartref	homespun cloth
byrhau	to shorten
clymu	to knot, to tie
cortyn *(m)* -nau	string
cotwm *(m)*	cotton
cwlwm *(m)* clymau	knot, tie
cwlwm gwlwm	knotted up
cwtogi *(NW)*	to shorten
cyflenwad *(m)* -au	supply
cyflenwi	to supply
cyflenwyr *(pl)*	suppliers
datod	to untie
defnydd *(m)* -iau	material, stuff
defnyddio	to use
defnyddiol	useful
deunydd *(m)* -iau	material, stuff
edafedd *(pl)*	knitting wool, yarn
edau *(f)* edafedd	thread
ffasiwn *(m)* ffasiynau	fashion
gwaell *(f)* gweill	knitting-needle
(ar y gweill	on the go, in preparation)
gwau	to knit
gwehydd *(m)* -ion	weaver
gwlân *(m)*	wool
gwlanen *(f)* -ni	flannel
gwlanog	woolly
gwniadur *(m)* -on	thimble
gwniadwaith *(m)*	needlework
gwnïo	to sew
henffasiwn	old fashioned

llaesu *(NW)*	to lengthen
lledr *(m)* -au	leather
melfed *(m)*	velvet
mesur(o)	to measure
mewn bri	in vogue
mewn ffasiwn	in fashion
neilon *(m)*	nylon
nodwydd *(f)* -au	needle
nodwydd ac edau	needle and thread
peiriant gwnïo *(m)*	sewing machine
peiriannau gwnïo *(pl)*	
pellen *(f)* -nau, -ni	ball (of yarn)
pìn *(f/m)* -nau	pin
plastig *(m)*	plastic
rwber *(m)*	rubber
rhaff *(f)* -au	rope
sidan *(m)*	silk
siswrn *(m)* sisyrnau	scissors
teiliwr *(m)* teilwriaid	tailor
twll *(m)* tyllau	hole
ymestyn	to lengthen

37. Laundry

bwrdd smwddio *(m)*	ironing-board
byrddau smwddio *(pl)*	
caledu *(SW)*	to air
crebachu	to shrink
crasu *(SW)*	to air
cwpwrdd crasu dillad *(m)*	airing cupboard
cypyrddau crasu dillad *(pl)*	
dadliwio	to discolour
eirio *(NW)*	to air
ewyn *(m)*	foam
golch *(m)*	washing
golchdy *(m)* golchdai	laundrette
golchi	to wash
haearn smwddio *(m)*	iron
heyrn smwddio *(pl)*	

lein ddillad *(f)* leiniau dillad	clothes line
lliwio	to dye, to colour
mwydo *(NW)*	to soak
peg *(m)* -iau	peg
peiriant golchi *(m)*	washing machine
peiriannau golchi *(pl)*	
powdr (golchi) *(m)*	(washing) powder
powdrau (golchi) *(pl)*	
rhesel ddillad *(f)*	clothes rack
rheseli dillad *(pl)*	
rhoi yng ngwlych *(SW)*	to soak
smwddio	to iron
socian	to soak
toddi	to dissolve
trochion *(pl)*	suds
tynnu ato	to shrink

vi Learning

38. Education (general)

academaidd	academic
adran *(f)* -nau	department
addysg *(f)*	education
addysg bellach	further education
addysg feithrin	nursery education
addysg uwch	higher education
addysgedig	educated
addysgu	to educate
arolygwr *(m)* arolygwyr	inspector
astudiaeth *(f)* -au	study
astudio	to study
cofrestr *(f)* -au	register, roll
cofrestru	to enrol, to register
coleg *(m)* -au	college
coleg addysg bellach	college of further education
coleg prifysgol	university college
coleg technegol	technical college
cwrs *(m)* cyrsiau	course
dysg *(f/m)*	learning, scholarship
efrydiau allanol *(pl)*	extra-mural studies
efrydydd *(m)* efrydwyr	student
gradd *(f/m)* -au	degree
graddedigion *(pl)*	graduates
grant *(m)* -iau	grant
myfyriwr *(m)* myfyrwyr	student
myfyrwraig *(f)* myfyrwragedd	student
pennaeth *(m)* penaethiaid	principal
prifathrawes *(f)* -au	headmistress
prifathro *(m)* prifathrawon	headmaster
prifysgol *(f)* -ion	university
tiwtor *(f/m)* -iaid	tutor
tymor *(m)* tymhorau	term
ysgol *(f)* -ion	school
ysgol fechgyn	boys' school
ysgol ferched	girls' school
ysgol feithrin	nursery school

ysgol fonedd	private school
ysgol gyfun	comprehensive school
ysgol gynradd	primary school
ysgol ramadeg	grammar school
ysgol uwchradd	secondary school
ysgolhaig *(m)* ysgolheigion	scholar
ysgolheictod *(m)*	scholarship

39. Classroom

arholi	to examine
arholiad *(m)* -au	exam
arholwr *(m)* arholwyr	examiner
athro *(m)* athrawon	teacher, professor
athrawes *(f)* -au	teacher, professor
bwrdd *(m)* byrddau	board
bwrdd du	blackboard
bwrdd gwyn	whiteboard
cafflo *(sl)*	to cheat
camgymeriad *(m)* -au	mistake
camgymryd *(NW)*	to mistake
camsynied *(SW)*	to mistake
cyngor *(m)* cynghorion	advice
cywiro	to correct
darlith *(f)* -oedd	lecture
darlithfa *(f)* darlithfeydd	lecture room
darlithiwr/darlithydd *(m)* darlithwyr *(pl)*	lecturer
desg *(f)* -iau	desk
disgybl *(m)* -ion	pupil
dosbarth *(m)* -au, -iadau	class
dosbarth nos	night school, evening class
dysgu	to teach, to learn
dysgu ar y cof	to learn off by heart
egluro	to explain
esbonio	to explain
gwaith cartref *(m)*	homework
gwaith dosbarth *(m)*	class work
gwall *(m)* -au	mistake

gwers *(f)* -i	lesson
iard *(f)* ierdydd	yard
inc *(m)*	ink
llyfr *(m)* -au	book
llyfr darllen	reading book
llyfr ysgrifennu	writing book
llyfr nodiadau	note book
marcio	to mark
papur *(m)* -au	paper
papur sugno *(m)*	blotting paper
pensil *(m)* -iau	pencil
pìn *(m)* -nau	pen
prawf *(m)* profion	test
profi	to test
pren mesur *(m)*	ruler
problem *(f)* -au	problem
pwnc *(m)* pynciau	subject
rwber *(m)*	rubber
rhestr *(f)* -i	list
sefyll arholiad	to sit an exam
sgwennu *(sl)*	to write
sialc *(m)*	chalk
talu sylw i	to pay attention to
testun *(m)* -au	subject
traethawd *(m)* traethodau	essay
twyllo	to cheat
ymarfer *(m)* -ion	exercise
ysgrifbin *(m)* -nau	pen
ysgrifennu	to write
(y)stafell ddosbarth *(f)* (y)stafelloedd dosbarth	classroom

40. Grammar and language

acen *(f)* -ion	accent
acen grom	circumflex (ˆ)
acen ddyrchafedig	acute accent (´)
adferf *(f)* -au	adverb
ansoddair *(m)* ansoddeiriau	adjective

arddodiad *(m)* arddodiaid	preposition
arddweud	to dictate
arddywediad *(m)* -au	dictation
atalnod *(m)* -au	comma
atalnod llawn	full stop
atalnodi	to punctuate
bannod *(f)* banodau	definite article
bathu	to coin (words)
bratiaith *(f)* bratieithoedd	debased language
benywaidd	feminine
berf *(f)* -au	verb
brawddeg *(f)* -au	sentence
cadarnhaol	positive
cenedl *(f)* cenhedloedd	gender
collnod *(m)* -au	apostrophe (')
cromfach *(f)* -au	bracket, parenthesis
cwestiwn *(m)* cwestiynau	question
cyfieithiad *(m)* -au	translation
cyfieithu	to translate
cyfieithu ar y pryd	simultaneous translation
cyfieithydd *(m)* cyfieithwyr	translator
cymal *(m)* -au	clause
cysylltair *(m)* cysyllteiriau	conjunction
cysylltnod *(m)* -au	hyphen
cytsain *(m)* cytseiniaid	consonant
didolnod *(f/m)* -au	diaresis, umlaut (··)
dihareb *(f)* diarhebion	proverb
dwyieithog	bilingual
dyfynnod *(m)* dyfynodau	quotation mark
dyfynnu	to quote
ebychiad *(m)* -au	exclamation
ebychnod *(m)* -au	exclamation mark
enghraifft *(f)* enghreifftiau	example
enw *(m)* -au	noun, name
(beth ydy'r enw ar hwn/hon?	what is this called?)
er enghraifft ('ee')	for example ('eg')
gair *(m)* geiriau	word
gair mwys	pun
geirfa *(f)* -oedd	vocabulary

geiriadur *(m)* -on	dictionary
goddefol	passive
goddrych *(m)* -au	subject
goddrychol	subjective
gofynnod *(m)* gofynodau	question mark
golygu	to mean
(beth ydy hyn yn ei olygu?	what does this mean?)
gorchmynnol	imperative
gramadeg *(m)* -au	grammar
gweithredol	active
gwrthrych *(m)* -au	object
gwrthrychol	objective
gwrywaidd	masculine
iaith *(f)* ieithoedd	language
iaith anweddus/goch	obscene language
idiom *(m)* -au	idiom, expression
ieithyddiaeth *(f)*	linguistics
llythyren *(f)* llythrennau	letter (in alphabet)
llythyren fras	capital letter
meddwl	to mean
negyddol	negative
paragraff *(m)* -au	paragraph
positif	positive
priod-ddull *(m)* -iau	idiom
rhagenw *(m)* -au	pronoun
sillaf *(f)* -au	syllable
sillafu	to spell
slang *(m)*	slang
tafodiaith *(f)* tafodieithoedd	dialect
tanlinellu	to underline
to bach *(m)*	circumflex (ˆ)
treigl(i)ad *(m)* -au	mutation
treiglad llaes	aspirant mutation
treiglad meddal	soft mutation
treiglad trwynol	nasal mutation
ynganiad *(m)* -au	pronunciation
ynganu	to pronounce
yr wyddor	the alphabet
(yn nhrefn yr wyddor	in alphabetical order)

ystrydeb *(f)* -au	stereotype, cliché
ystrydebol	clichéd
ystyr *(f)* -on	meaning

41. The alphabet

Letter	Pronunciation	Letter	Pronunciation
a	a	ll	ell
b	bî	m	em
c	ec	n	en
ch	ech	o	ô
d	dî	p	pî
dd	edd	ph	ffî
e	ê	r	er
f	ef	rh	rhi, rhô
ff	eff	s	es
g	eg	t	tî
ng	eng	th	eth
h	âets	u	u, u bedol
i	i, i dot	w	w
j	jay	y	y
l	el		

Letters are always feminine, eg **dwy 'n' fach**, 'two small "n"'s'.

42. Literature and journalism

adolygiad *(m)* -au	review
adolygu	to review
adrodd	to recite, to relate
adroddiad *(m)*	report
addasiad *(m)* -au	adaption
addasu	to adapt
ailadrodd	to repeat
anturiaeth *(f)* -au	adventure
anturiaethus	adventurous
arabedd *(m)*	wit, humour
aralleiriad *(m)* -au	paraphrase
arddull *(f)* -iau	style
argraffiad *(m)* -au	edition, print
argraffu	to print
argraffwr *(m)* argraffwyr	printer

atodiad *(m)* -au	appendix
athroniaeth *(f)* -au	philosophy
awdl *(f)* -au	ode
awdur *(m)* -on	author
bardd *(m)* beirdd	poet
barddoni	to compose poetry
barddoniaeth *(f)*	poetry
beirniad *(m)* beirniaid	critic
beirniadaeth *(f)* -au	criticism
beirniadu	to criticise
beirniadu'n hallt	to severely criticise
canu	to compose, to write poetry
canu *(m)*	poetry
canu caeth	strict metre poetry
canu rhydd	free metre poetry
cathl *(f)* -au	melody, lay
cerdd *(f)* -i	poem
cerdd dant	instrumental music and singing
cofiant *(m)* cofiannau	biography
cofiannydd *(m)* cofianwyr	biographer
comedi *(f/m)* comedïau	comedy
crynodeb *(m)* -au	summary
cyfrol *(f)* -au	volume
cynghanedd *(f)* cynganeddion	Welsh metrical alliteration
cyhoeddi	to publish, to publicise
cyhoeddiad *(m)* -au	publication
cyhoeddwr *(m)* cyhoeddwyr	publisher
cylchgrawn *(m)* cylchgronau	magazine
cylchrediad *(m)*	circulation
cywydd *(m)* -au	alliterative Welsh poem
chwedl *(f)* -au	story, tale
darllen	to read
darllengar	fond of reading
darllenwr *(m)* darllenwyr	reader
datgan	to state
datganiad *(m)* -au	statement
diriaethol	concrete
diwylliannol	cultural
diwylliant *(m)* diwylliannau	culture

diwylliedig	cultured
dychan *(f)* -au	satire
dychanu	to satirise
dyfyniad *(m)* -au	quote
englyn *(m)* -ion	Welsh alliterative stanza
eisteddfod *(f)* -au	eisteddfod
erthygl *(f)* -au	article
ffug	ficticious
ffugenw *(m)* -au	pseudonym, nom de plume
ffuglen *(f)*	fiction
golygu	to edit
golygydd *(m)* -ion	editor
golygyddol	editorial
gwasg *(f)* gweisg	press
haniaethol	abstract
hawlfraint (b) hawlfreintiau	copyright
hunangofiant *(m)* hunangofiannau	autobiography
hysbyseb *(f)* -ion	advertisement
hysbysebu	to advertise
hysbysu	to inform
llawysgrif *(f)* -au	manuscript
llên *(f)*	literature
llên gwerin	folklore
llenor *(m)* -ion	person of letters
llenyddiaeth *(f)* -au	literature
llenyddol	literary
llyfryddiaeth *(f)*	bibliography
llythrennol	literal
Mabinogi	series of medieval Welsh tales
manwl	detailed
manylion *(pl)*	details
misolyn *(m)* misolion	monthly publication
mynegai *(m)* mynegeion	index
newyddiaduriaeth *(f)*	journalism
newyddiadurwr *(m)* newyddiadurwyr *(pl)*	journalist
newyddion *(pl)*	news
nodyn *(m)* nodiadau	note
nofel *(f)* -au	novel

nofelydd *(m)* nofelwyr	novelist
odl *(f)* -au	rhyme
papur newydd(ion) *(m)*	newspaper
papurau newydd(ion) *(pl)*	
pennawd *(m)* penawdau	headline
pennill *(f)* penillion	verse, stanza
pennod *(f)* penodau	chapter
rhagair *(m)* rhageiriau	preface
rhagymadrodd *(m)* -ion	introduction
rhifyn *(m)* -nau	issue
rhyddiaith *(f)*	prose
sensor *(m)* -iaid	censor
sensoriaeth *(f)*	censorship
stori *(f)* -ïau, -iâu, straeon	story
stori fer	short story
stori iasoer	thriller
tanysgrifiad *(m)* -au	subscription
tanysgrifio	to subscribe
tanysgrifiwr *(m)* tanysgrifwyr	subscriber
teitl *(m)* -au	title
trafod	to discuss
trasiedi *(f)* trasiedïau	tragedy
tudalen *(f/m)* -nau	page
wythnosolyn *(m)* wythnosolion	weekly publication
ysgrif *(f)* -au	essay
ysgrifennwr *(m)* ysgrifenwyr	writer
Y Pethe	standard Welsh cultural fare

43. History

achos *(m)* -ion	cause
allfudwr *(m)* allfudwyr	emigrant
anwar(aidd)	uncivilized
Cyn Crist ('C.C.')	before Christ ('B.C.')
cyntefig	primitive
chwyldro *(m)* -adau	revolution
Chwyldro Diwydiannol	Industrial Revolution
Chwyldro Ffrengig	French Revolution
chwyldroadol *(adj)*	revolutionary
chwyldroadwr *(m)* chwyldroadwyr	revolutionary

diddymu	to abolish
digwydd	to happen
digwyddiad *(m)* -au	event
dileu	to abolish
dirywiad *(m)*	decline
dirywio	to decline, to degenerate
diwygiad *(m)* -au	reformation, revival
diwygio	to reform, to revive
diwygiwr *(m)* diwygwyr	reformist
dosbarth *(m)* -au, -iadau	class
dosbarth canol	middle class
dosbarth gweithiol	working class
dosbarth llywodraethol	ruling class
enwog *(adj)* -ion	famous
ffaith *(f)* ffeithiau	fact
gallu *(m)* -oedd	power, ability
galluog	able, powerful
galluogi	to enable, to empower
gorchest *(f)* ion	achievement
grym *(m)* -oedd	force, power, might
grymus	powerful, mighty
gwâr	civilized
gwareiddiad *(m)*	civilization
hanes *(m)* -ion	history, story
hanesydd *(m)* haneswyr	historian
heneb *(m)* -ion	ancient monument
hynafol	ancient
mewnfudo	to immigrate
mewnfudiad *(m)* -au	immigration
mewnfudwr *(m)* mewnfudwyr	immigrant
mewnlifiad *(m)*	English migration into rural Wales
o fri	celebrated, of renown
Oed Crist ('OC')	Anno Domini ('AD')
olion *(pl)*	remains
marchog *(m)* -ion	knight
Rhufeinaidd/Rhufeinig *(adj)*	Roman
Rhufeiniad *(m)* Rhufeiniaid	Roman
Rhufeiniwr *(m)* Rhufeinwyr	Roman

Rhyfel y Groes	the Crusades
taeog *(m)* -ion	serf
trwy hap a damwain	by chance, by accident
tynged *(f)*	destiny, fate
tyngedfennol	fatal, fateful
y Dadeni Dysg	the Renaissance
ymfudiad *(m)* -au	emigration
ymfudo	to emigrate
ymfudwr *(m)* ymfudwyr	emigrant
yr Oes Cerrig	the Stone Age
yr Oes Haearn	the Iron Age
yr Oesoedd Canol	the Middle Ages

44. Geography

ardal *(f)* -oedd	area
atlas *(m)* -au	atlas
bro *(f)* -ydd	home area, land, region
brodor *(m)* -ion	native
cefn gwlad *(m)*	rural area
cefn gwlad Cymru	rural Wales
cefndir *(m)* -oedd	background
cenedl *(f)* cenhedloedd	nation
cilfach gefn	backwoods area, remote area
cwmpawd *(m)* -au, cwmpodau	compass
cyfandir *(m)* -oedd	continent
cyhydedd *(m)*	equator
daearyddiaeth *(f)*	geography
de *(m)*	south
de-ddwyrain	south-east
de-orllewin	south-west
diboblogi	to depopulate
diboblogaeth *(f)*	depopulation
dwyrain *(m)*	east
estron *(m)* -iaid	foreigner
ffin *(f)* -iau	border
ffinio â	to border with
gogledd *(m)*	north
gogledd-ddwyrain	north-east

gogledd-orllewin	north-west
gorllewin	west
goror *(m)* -au	border, frontier
(y gororau	the Welsh marches)
graddfa *(f)* graddfeydd	scale
gwerin *(f)*	people, folk
gwlad *(f)* gwledydd	country
gwladfa *(f)* gwladfeydd	colony, settlement
gwladychu	to colonise
gwladychwr *(m)* gwladychwyr	colonist
map *(m)* -iau	map
mapio	to map
milltir sgwâr *(f)* *(dom)*	home area, 'square mile'
parthau *(pl)*	regions, parts
pegwn *(m)* pegynau	pole
Pegwn y de	South Pole
Pegwn y gogledd	North Pole
pobl *(f)* -oedd	people
(pobl eraill	other people
y bobloedd	the peoples)
poblogaeth *(f)* -au	population
poblog	populous
poblogi	to people, to populate
rhanbarth *(m)* -au	district
safle *(m)* -oedd	position, situation
sefyllfa *(f)* -oedd	position, situation
siart *(f)* -iau	chart
sir *(f)* -oedd	county
talaith *(f)* taleithiau	province, state
tiriogaeth *(f)* -au	territory
tiriogaethol	territorial
tirwedd *(f)*	relief
tramor	abroad, foreign
tramorwr *(m)* tramorwyr	foreigner
trefedigaeth *(f)* -au	colony, settlement
trigo	to inhabit, to dwell
trigolion *(pl)*	inhabitants
trofan *(f)* -nau	tropic
trofannol	tropical

45. **Mathematics**

adiad *(m)* -au	addition
adio	to add
anghywir	incorrect
algebra *(f)*	algebra
amcangyfrif	to estimate
amcangyfrif *(m)* -on	estimate
ar gyfartaledd	on average
canlyniad *(m)* -au	result
canol *(m)* -au	centre
canolog	central
canran *(m)* -nau	percentage
(deg y cant	ten per cent)
cromlin *(f)* -iau	curve
crwm	curved
crwn	round
cyfanswm *(m)* cyfansymiau	total
cyfartal â	equal to
cyfochrog	parallel
cyfrif	to count
cyfrifiad *(m)* -au	calculation
cyfrifiannell *(m)* cyfrifianellau	calculator
cyfrifo	to calculate
cylch *(m)* -oedd	circle
cymhleth	complicated
cymhlethu	to complicate
cywir	correct
diamedr *(m)* -au	diameter
datrys	to solve
ffigur *(f)* -au	figure
fformwla *(f)* fformwlâu	formula
ffracsiwn *(m)* ffracsiynau	fraction
geometreg *(f)*	geometry
gweddill *(m)* -ion	remainder
hafal i	equal to
(mae X yn hafal i Y	X is equal to Y)
hafaliad *(m)* -au	equation
hafalnod *(m)* -au	equal sign (=)
llorwedd *(m)* -au	horizontal

llorweddol *(adj)*	horizontal
lluosi	to multiply
(deg wedi'i lluosi gan chwech ydy chwe deg	ten multiplied by six is sixty)
deg chwe gwaith	six times ten)
lluoswm *(m)* lluosymiau	product
(mae dau a dau yn bedwar	two and two is four)
mathemateg *(f)*	mathematics
minws *(m)* minysau	minus
paralel	parallel
perpendicwlar *(m & adj)*	perpendicular
ongl *(f)* -au	angle
ongl sgwâr	right angle
rhannu	to divide
(deg wedi'i rhannu gan ddau ydy pump)	ten divided by two is five
profi	to prove
rownd *(SW)*	round
rhif *(m)* -au	number
rhifo	to count (numbers)
rhifyddeg *(f)*	arithmetic
sgwâr *(m)* sgwariau	square
syml	simple
triongl *(m)* -au	triangle
tynnu	to subtract
(pump tynnu dau ydy tri	five minus two is three)
tyniad *(m)* -au	subtraction

46. Science

arbrawf *(m)* arbrofion	experiment
arbrofi	to experiment
arbrofol	experimental
asid *(m)* -au	acid
bioleg *(f)*	biology
botaneg *(f)*	botany
cemeg *(f)*	chemistry
cemegol *(adj)*	chemical
cemegyn *(m)* cemegion	chemical

cymysgedd *(f/m)*	mixture
cymysgfa *(f)*	mixture
cymysgu	to mix
dadansoddi	to analyse
dadansoddiad *(m)* -au	analysis
dadansoddwr *(m)* dadansoddwyr	analyst
darganfod	to discover
darganfyddiad *(m)* -au	discovery
darganfyddwr *(m)* darganfyddwyr	discoverer
deillio	to result, to emanate
disgrifio	to describe
disgrifiad *(m)* -au	description
disgyrchiant *(m)* disgyrchiannau	gravity
dyfais *(f)* dyfeisiau	invention
dyfeisio	to invent
dyfeisgar	inventive
elfen *(f)* -nau	element
elfennol	elementary
effaith *(f)* effeithiau	effect
effeithio	to effect
effeithiol	effective
ffenomen *(f)* -au	phenomenon
ffiseg *(f)*	physics
gwasgedd *(m)* -au	pressure
gwyddoniaeth *(f)*	science
gwyddonol	scientific
gwyddor tŷ *(f)*	domestic science
labordy *(m)* labordai	laboratory
llysieueg *(f)*	botany
magnet *(m)* -au	magnet
mater *(m)*	matter
microsgop *(m)* -au	microscope
mecaneg *(f)*	mechanics
profi	to prove
sŵoleg *(f/m)*	zoology
ymchwiliad *(m)* -au	research
ymchwilio	to research

47. Computing

allweddell *(f)* -au	keyboard
caledwedd *(pl)*	hardware
canslo	to cancel
cof *(m)* -au	memory
copi *(m)* copïau	copy
copi cadw	backup copy
copïo	to copy
cyfrifiadur *(m)* -on	computer
cyfrinair *(m)* cyfrineiriau	password
cymeriad *(m)* -au	character
cyrchu	to access
chwilen *(m)* chwilod	bug
dewislen *(f)* -ni	menu
disg *(f)* -iau	disk, disc
disg wag	blank disk
disgyrrwr *(m)* disgyrwyr	disk drive
diwygio	to amend
ffeil *(f)* -iau	file
ffenestr *(f)* -i	window
fformadu/fformatio	to format
llygoden *(f)* llygod	mouse
meddalwedd *(pl)*	software
mynediad *(m)* -au	access
nod *(m)* -au	character
prosesydd geiriau *(m)* prosesyddion geiriau *(pl)*	word processor
sgrin *(f)* -iau	screen
storio	to store
teipiadur *(m)* -on	typewriter
terfynell *(f)* -au	terminal

48. Art

arddangos	to exhibit
arddangosfa *(f)* arddangosfeydd	exhibition
arlunio	to draw, to paint
arlunydd *(m)* arlunwyr	artist
artist *(m)* -iaid	artist

campwaith *(m)* campweithiau	masterpiece
cartŵn *(m)* cartwnau	cartoon
celf *(f)* -au	art
celf a chrefft	arts and crafts
celfyddyd *(f)* -au	art
(y celfyddydau	the arts)
cerfio	to carve
cerflun *(m)* -iau	statue, sculpture
cerfluniaeth *(f)*	sculpture
cerflunydd *(m)* cerflunwyr	sculptor
crefft *(f)* -au	craft, trade
crefftwaith *(m)*	craftwork
crefftwr *(m)* crefftwyr	craftsman
creadigol	creative
creu	to create
crochenwaith *(m)*	pottery
cynfas *(m)* -au	canvas
cynllunio	to design, to plan
cynllunydd *(m)* cynllunwyr	designer
chwaeth *(f)* -au, -oedd	taste
(diffyg chwaeth	lack of taste)
dangos	to show
darlun *(m)* -iau	picture
darlunio	to describe, to portray
delwedd *(f)* -au	image
delweddaeth *(f)*	imagery
dyfrliw *(m)* -iau	watercolour
dylunio	to design
dynwared	to imitate
dynwarediad *(m)* -au	imitation
ffotograff *(m)* -au	photograph
ffotograffiaeth *(f)*	photography
ffotograffydd *(m)* ffotograffwyr	photographer
ffrâm *(f)* fframiau	frame
gwaith coed *(m)*	wood work
gwaith metel *(m)*	metal work
llun *(m)* -iau	picture
llunio	to shape, to form, to fashion
naddu	to hew, to chip

oriel *(f)* -au	gallery
paent *(m)* -iau	paint
peintiad *(m)* -au	painting
peintio	to paint
peintiwr *(m)* peintwyr	painter
persbectif *(m)* -au	perspective
portread *(m)* -au	portrayal
portreadu	to portray
tynnu llun	to photograph, to take a picture
ysgythru	to carve

49. Music

alaw *(f)* -on	melody
allweddau *(pl)*	keys (on instrument)
arwain	to conduct
arweinydd *(m)* -ion	conductor
band *(m)* -iau	band
cân *(f)* caneuon	song
canu	to sing, to play a musical instrument
(canu'r piano	to play the piano)
canwr *(m)* cantorion	singer
cantores *(f)*	singer
cerdd *(f)*	music
cerddor *(m)* -ion	musician
cerddorfa *(f)* cerddorfeydd	orchestra
cerddoriaeth *(f)*	music
cerddorol	musical
côr *(m)* corau	choir
corawl	choral
cryno ddisg *(m)* -iau	compact disk
cydadrodd	to recite together
cyfansoddi	to compose
cyfansoddiad *(m)* -au	composition
cyfansoddwr *(m)* cyfansoddwyr	composer
cyfeiliant *(m)*	accompaniment
cyfeilio	to accompany
cyngerdd *(f/m)* cyngherddau	concert
cytgan *(f/m)* -au	chorus, refrain

cynghanedd *(m)*	harmony
chwibanu	to whistle
deuawd *(f/m)* -au	duet
drwm *(m)* drymiau	drum
ffidil *(f)* ffidlau	violin
ffidler *(m)* -iaid	violinist
ffliwt *(f)* -iau	flute
gitâr *(m)* -s	guitar
grŵp *(m)* grwpiau	group
melodi *(m)* melodïau	melody
miwsig *(m)*	music
nodyn *(m)* nodau	note
offeryn *(m)* -nau, offer	instrument
offeryn chwyth	wind instrument
offeryn pres	brass instrument
offeryn tant	string instrument
offeryn taro	percussion instrument
opera *(f)* operâu	opera
organ *(f)* -au	organ
organydd *(m)* -ion	organist
parti *(m)* partïon	party
piano *(m)* -s	piano
record *(f)* -iau	record
recordydd tâp *(m)*	tape recorder
recordyddion tâp *(pl)*	
simffoni *(f/m)*	symphony
soddgwrth *(m)* soddgyrthau	cello
tant *(m)* tannau	chord, string
tâp *(m)* tapiau	tape
telyn *(f)* -au	harp
telyneg *(f)* -ion	lyric
tôn *(f)* tonau	tone, tune
triawd *(m)* -au	trio
utgorn *(m)* utgyrn	trumpet
unawd *(m)* -au	solo
unawdydd *(m)* unawdwyr	soloist

50. Cinema, radio, television and theatre

act *(f)* -au	act
actio	to act
actor *(m)* -ion	actor
actores *(f)* -au	actress
adloniant *(m)*	entertainment, recreation
asiant *(m)* -au	agent
asiantaeth *(f)* -au	agency
bwletin *(m)* -au	bulletin
curo dwylo	to clap
cyfarwyddo	to direct
cyfarwyddwr *(m)* cyfarwyddwyr	director
cyflwyno	to present
cyflwynwr *(m)* cyflwynwyr	presenter
cyfres *(f)* -i	series
cyfryngau *(pl)*	media
cyfryngau torfol	mass media
cyhoeddi	to announce
cyhoeddiad *(m)* -au	announcement
cyhoeddwr *(m)* cyhoeddwyr	announcer
cymeradwyaeth *(f)*	applause, approval
cymeradwyo	to approve, to recommend
cymeriad *(m)* -au	character
cynhyrchu	to produce
cynhyrchiad *(m)* cynyrchiadau	production
cynhyrchydd *(m)* cynhyrchwyr *(pl)*	producer
cynulleidfa *(f)* -oedd	audience
darllediad *(m)* -au	broadcast
darllediad byw	live broadcast
darlledu	to broadcast
darlledwr *(m)* darlledwyr	broadcaster
dawns *(f)* -iau	dance
dawnsio	to dance
dawnsiwr *(m)* dawnswyr	dancer
difyrrwr *(m)* difyrwyr	entertainer
drama *(f)* dramâu	play
dramodwr *(m)* dramodwyr	dramatist
egwyl *(f)*	interval

eitem *(f)* -au	item
fideo *(f/m)* -s	video
ffilm *(f)* -iau	film
ffilmio	to film
golygfa *(f)* golygfeydd	scene
gwyliwr *(m)* gwylwyr	viewer
lleoli	to locate
lleoliad *(m)* -au	location
llwyfan *(f/m)* -nau	platform, stage
llwyfannu	to stage
meicroffon *(m)* -au	microphone
perfformio	to perform
perfformiad *(m)* -au	performance
radio *(m)* -s	radio
rhaglen *(f)* -ni	programme
rhaglen drafod	discussion programme
rhaglen ddogfen	documentary programme
rhwydwaith *(m)* rhwydweithiau	network
sgript *(f)* -iau	script
sgriptio	to script
sianel *(f)* -i	channel
Sianel Pedwar Cymru ('S4C')	Welsh Fourth Channel ('S4C')
sinema *(f)* sinemâu	cinema
sioe *(f)* -au	show
swyddfa docynnau *(f)* swyddfeydd tocynnau *(pl)*	box office
teledu *(m)*	television
teledu lloeren	satellite television
tonfedd *(f)* -i	wavelength
theatr *(f)* -au	theatre
theatraidd	theatrical
ymarfer	to rehearse
ymarfer *(f)* -ion	practice, rehearsal
ymddangos	to appear
ymddangosiad *(m)* -au	appearance

vii Sport and leisure

51. Sport (general)

adran *(f)* -nau	division
amatur *(adj)*	amateur
amatur *(m)* -iaid	amateur
buddugol	winning
buddugoliaeth *(f)* -au	victory
buddugwr *(m)* buddugwyr	victor, winner
cae chwarae *(m)* caeau chwarae	playing field
camp *(f)* -au	feat, achievement
canolfan *(f)* -nau	centre
canolfan chwaraeon	sports centre
canolfan hamdden	leisure centre
carfan *(f/m)* -au	squad
cefnogaeth *(f)*	support
cefnogi	to support
cefnogwr *(m)* cefnogwyr	supporter
colli	to lose
collwr *(m)* collwyr	looser
cwpan *(f/m)* -au	cup
cyfleustra *(m)* cyfleusterau	facility
cyfleusterau dan do	indoor facilities
cynghrair *(f/m)* cynghreiriau	league
cymdeithas *(f)* -au	association
cymdeithas chwaraeon	sports association
cystadlu	to compete
cystadleuydd *(m)* cystadleuwyr	competitor
cystadleuaeth *(f)* cystadlaethau	competition
chwarae	to play
chwaraeon	sports
chwaraewr *(m)* chwaraewyr	player
dechreuwr *(m)* dechreuwyr	beginner
dewiswr *(m)* dewiswyr	selector
enillwr/enillydd *(m)* enillwyr	winner
ennill	to win
ffit	fit
(cadw'n ffit	to keep fit)
gornest *(f)* -au	contest, match

gwobr *(f)* -au	prize, reward
gweithgaredd *(m)* -au	activity
gwyliwr *(m)* gwylwyr	spectator
heini	fit
(cadw'n heini	to keep fit)
her *(f)* -iau	challenge
herio	to challenge
hyfforddi	to instruct
hyfforddiant *(m)*	instruction
hyfforddwr *(m)* hyfforddwyr	instructor
hyrwyddo	to promote
hyrwyddwr *(m)* hyrwyddwyr	promoter
mabolgampau *(pl)*	athletics, sports
maes chwarae *(m)*	playing field
meysydd chwarae *(pl)*	
nod *(m)* -au	aim, mark, intention
(cyrraedd y nod	to reach the mark, to reach the standard)
pencampwr *(m)* pencampwyr	champion
pencampwriaeth *(f)* -au	championship
proffesiynol	professional
rownd *(f)* -iau	round
rownd gogynderfynol	quarter-final
rownd gynderfynol	semi-final
rownd derfynol	final round
rheol *(f)* -au	rule
tacteg *(f)* -au	tactic
tîm *(m)* timau	team
trech	stronger, superior
trechu	to beat
ymarfer	to practise, to train
ymarfer corff	to do physical exercise
ymdrech *(f)* -ion	effort
ymdrechu	to endeavour, to strive

52. Ball and indoor sports

amddiffyn	to defend
amddiffynnwr *(m)* amddiffynwyr	defender
anfantais *(f)* anfanteision	disadvantage

ar y blaen	in the lead, in front
asgellwr *(m)* asgellwyr	wing
badminton *(m)*	badminton
bat *(m)* -iau	bat
batiad *(m)* -au	innings
batio	to bat
batiwr *(m)* batwyr	batsman
blaenwr *(m)* blaenwyr	forward
bocsio	to box
bowlio	to bowl
bowls *(pl)*	bowls
cais *(m)* ceisiau	try (rugby)
Camp Lawn *(f)*	Grand Slam (rugby)
campfa *(f)* campfeydd	gymnasium
camsefyll	to be offside
canolwr *(m)* canolwyr	centre
cic *(f)* -iau	kick
cic adlam	drop goal
cic gosb	penalty (rugby)
cic o'r smotyn	penalty (football)
cic rydd	free kick
cicio	to kick
codi pwysau	to weight lift, to weight train
coron driphlyg	triple crown (rugby)
cosbi	to penalise
criced *(m)*	cricket
cwrt tennis *(m)* cyrtiau tennis	tennis court
dyfarnwr *(m)* dyfarnwyr	referee, umpire
eilydd *(m)* -ion	reserve
eilyddio	to substitute
ffon golff *(m)* ffyn golff	golf club
gêm *(f)* -au	game
gêm gwpan	cup game
gêm gyfartal	drawn game
gêm ryngwladol	international match
Gêmau Olympaidd	Olympic Games
gôl *(f)* goliau	goal
golff *(m)*	golf
golgeidwad *(m)* golgeidwaid	goalkeeper

gwrthwynebu	to oppose
gwrthwynebwr *(m)* gwrthwynebwyr	opponent
gwyddbwyll *(f)*	chess
gymnasteg *(f)*	gymnastics
hoci *(m)*	hockey
hoci-iâ	ice-hockey
ildio	to concede
lluchio	to chuck, to fling
llumanwr *(m)* llumanwyr	linesman
mantais *(f)* manteision	advantage
maswr *(m)* maswyr	outside half
mewnwr *(m)* mewnwyr	inside half
paffio	to box
paffiwr *(m)* paffwyr	boxer
pêl *(f)* pelau, peli	ball
pêl-droed	football
pêl-fasged	basket-ball
pêl-foli	volley-ball
pêl-rwyd	netball
pelawd *(f)* -au	over (cricket)
post *(m)* pyst	post
pwynt *(m)* -iau	point
raced *(f/m)* -i	racket
reslo	to wrestle
rygbi *(m)*	rugby
rhwyd *(f)* -au, -i	net
sboncen *(f)*	squash
sgôr *(m)*	score
sgori *(SW)* *(sl)*	to score
sgorio	to score
sgrym *(f)* -iau	scrum
sgwâr bocsio *(m)* sgwariau bocsio *(pl)*	boxing ring
snwcer *(m)*	snooker
symudiad *(m)* -au	movement
taclo	to tackle
taflu	to throw
taro	to hit, to strike

tennis *(m)*	tennis
tennis bwrdd	table tennis
trosglwyddo	to transfer
trosi	to convert (a try)
wiced *(f)* -i	wicket
wicedwr *(m)* wicedwyr	wicket-keeper
wythwr *(m)* wythwyr	number eight (rugby)
(y)sgarmes *(f)* -au	ruck (rugby)
ystlys *(f)* -au	side-line, touch

53. Outdoor sports

abwyd *(m)* -od	fishing-bait
anelu	to aim
athletau *(pl)*	athletics
awyr agored *(f)*	open air
bach *(m)* -au	hook (fishing)
bachu	to catch (fishing)
brigo	to surf
canŵ *(m)* -s	canoe
canŵo	to canoe
cyfeirio	orienteering
chwaraeon dŵr *(pl)*	water sports
chwaraeon gaeaf *(pl)*	winter sports
deifio	to dive
dringwr *(m)* dringwyr	(rock) climber
genwair *(f)* genweiriau	fishing rod
gwaywffon *(f)* gwaywffyn	javelin
gwialen bysgota *(f)* gwiail pysgota *(pl)*	fishing rod
hela	to hunt
heliwr *(m)* helwyr	huntsman
hwyl *(f)* -iau	sail
hwylfrigo	to windsurf
hwylio	to sail
marchogaeth	to ride
merlota	to pony-trek
mynydda	to go mountaineering
mynyddwr *(m)* mynyddwyr	mountaineer

nofio	to swim
(dull broga	breaststroke
dull cefn	backstroke
dull rhydd	front crawl
dull pili-pala	butterfly-stroke)
nofiwr *(m)* nofwyr	swimmer
plymio	to dive
pwll nofio *(m)* pyllau nofio	swimming pool
pysgota	to fish
pysgotwr *(m)* pysgotwyr	fisherman
rali *(f)* raliau	rally
ras *(f)* -ys	race
ras gyfnewid	relay race
rhedeg y clwydi	to hurdle
rhedwr *(m)* rhedwyr	runner
rhwyf *(f)* -au	oar
rhwyfo	to row
rhwystr *(m)* -au	obstacle
rhwystro	to obstruct
saethu	to shoot
saethyddiaeth *(f)*	archery
sgio	to ski
sgio-dŵr	to water ski
targed *(m)* -au, -i	target
(bwrw'r targed	to hit the target)
trac *(m)* -iau	track
traws-gwlad	cross-country

54. Tourism

asiantaeth deithio *(f)*	travel agency
asiantaethau teithio *(pl)*	
atyniad *(m)* -au	attraction
bolaheulo *(SW)*	to sunbathe
bwrdd croeso *(m)* byrddau croeso	tourist board
canolfan ymwelwyr *(f)*	visitor centre
canolfannau ymwelwyr *(pl)*	
carafán *(f)* -nau	caravan
croesawu	to welcome
croesawus	hospitable, welcoming

croeso *(m)*	welcome
cyrchfan *(f/m)* -nau	resort
deniadol	attractive
denu	to attract
derbynfa *(f)* derbynfeydd	reception (place)
derbyniad *(m)* -au	reception
derbynnydd *(m)* derbynyddion	receptionist
estyn gwahoddiad	to invite
ffair *(f)* ffeiriau	(fun)fair
gwahodd	to invite
gwahoddiad *(m)* -au	invitation
gwas *(m)* gweision	servant
gwasanaeth *(m)* -au	service
gwasanaethu	to serve (general)
gweini	to serve (in hotel, table etc)
gwely a brecwast	bed and breakfast
gwersyll *(m)* -oedd	campsite
gwersylla	to camp
gwestai *(m)* gwesteion	guest
gwesty *(m)* -au, gwestai	hotel
gŵyl *(f)* gwyliau	festival, holiday
(ar fy ngwyliau	on my holidays)
hamdden *(f)*	leisure
hamddena	to enjoy a leisure period
hamddenol	leisurely
hostel ieuenctid *(m)*	youth hostel
hosteli ieuenctid *(pl)*	
hwyl *(f)*	fun, good time
hwylus	convenient
hwyluso	to facilitate
llety *(m)* -au	lodgings
lletya	to lodge, to stay
lletygarwch *(m)*	hospitality
lliw haul *(m)*	suntan
maes carafannau *(m)*	caravan site
meysydd carafannau *(pl)*	
morwyn *(f)* morynion	maid
pabell *(f)* pebyll	tent
(codi pabell	to pitch a tent)

poblogaidd	popular
siwrnai *(f)* siwrneion	journey
swyddfa deithio *(f)*	travel office
swyddfeydd teithio *(pl)*	
taith *(f)* teithiau	journey, trip
teithio	to travel
teithiwr *(m)* teithwyr	traveller
torheulo	to sunbathe
tref glan-môr *(f)* trefi glan-môr	seaside town
twristiaeth *(f)*	tourism
twristiaid *(pl)*	tourists
ymholi	to inquire
ymholiad *(m)* -au	inquiry
ymweld â	to visit
ymweliad *(m)* -au	visit
ymwelwr/ymwelydd *(m)*	
ymwelwyr *(pl)*	visitor

viii Public life, work and society

55. Economics

allforio	to export
allforyn *(m)* allforion	export
allforion anweledig	invisible exports
ar gynnydd/i fyny	on the increase
ar i lawr/waered	on the decrease
arian *(m)*	money
arian cyfreithiol	legal tender
arian papur	paper money
arian treigl/cyfred	currency
ariannol	financial
ariannu	to finance
ariannwr *(m)* arianwyr	cashier, financier
banc *(m)* -iau	bank
bancio	to bank
benthyca	to borrow
benthyciad *(m)* -au	loan
benthyciwr *(m)* benthycwyr	borrower, lender
budd-dâl *(m)* budd-daliadau	benefit
buddsoddi	to invest
buddsoddiad *(m)* -au	investment
buddsoddwr *(m)* buddsoddwyr	investor
bywoliaeth *(f)* bywiolaethau	living
cael benthyg	to borrow
canghellor *(m)* cangellorion	chancellor
codiad cyflog *(m)*	wage rise
codiadau cyflog *(pl)*	
colled *(f)* -ion	loss
(mae e ar ei golled)	he's lost out)
credyd *(m)* -au	credit
credydu	to credit
cronfa *(f)* cronfeydd	fund
cwtogi	to cut back
cyfalaf *(m)*	capital
cyfalafiaeth *(f)*	capitalism
cyfnewidfa stoc *(f)*	stock exchange
cyfnewidfeydd stoc *(pl)*	

cyfoethog	rich
cyfradd *(f)* -au	rate
cyfraddau llog	interest rates
cyfranddaliad *(m)* -au	share
cyfranddaliwr *(m)* cyfranddalwyr	shareholder
cyfraniad *(m)* -au	contribution
cyfrannu	to contribute
cyfrif *(m)* -on	account
cyfrifeg *(f)*	accountancy
cyfrifydd *(m)* cyfrifwyr	accountant
cyllid *(m)* -au	income, revenue
Cyllid y Wlad	Inland Revenue
cyllideb *(f)* -au	budget
cyllido	to finance
cymdeithas adeiladu *(f)*	building society
cymdeithasau adeiladu *(pl)*	
cymhorthdal *(m)* cymorthdaliadau	subsidy
cynilo	to save
cynilion *(pl)*	savings
cynnydd *(m)*	increase
cynyddu	to increase
chwyddiant *(m)*	inflation
diffyg *(m)*	lack
(diffyg arian	lack of money)
dirwasgiad *(m)* -au	recession
di-waith	unemployed
diweithdra *(m)*	unemployment
dyled *(f)* -ion	debt
dyledus	due
economaidd	economic
economeg *(f)*	economics
economegwr/economegydd *(m)*	economist
economegwyr *(pl)*	
economi *(m)* economïau	economy
elw *(m)*	profit
elwa	to profit
enillion *(pl)*	earnings
ennill	to earn
(mae e ar ei ennill	he's better off)

ennill fy mywoliaeth	to earn my living
ennill fy nhamaid *(dom)*	to earn my living
galw *(m)*	demand
gostwng	to drop, to fall
gwariant *(m)*	expenditure
gwariant cyhoeddus	public spending
gwladoli	to nationalise
iawndal *(m)*	compensation
llog *(m)* -au	interest
mantolen fasnach *(f)*	trade balance
marchnad rydd *(f)*	free market
marchnadoedd rhydd *(pl)*	
marchnad stoc *(f)*	stock market
marchnadoedd stoc *(pl)*	
methdaliad *(m)* -au	bankruptcy
methdalwr *(m)* methdalwyr	bankrupt
mewnforio	to import
mewnforyn *(m)* mewnforion	import
miliynydd *(m)* -ion	millionaire
· morgais *(m)* morgeisiau	mortgage
morgeisio	to mortgage
mynd i'r wal	to go to the wall
pensiwn *(m)* pensiynau	pension
preifateiddio	to privatise
rhoi benthyg	to lend
siâr *(f)* siarau	share
swm *(m)* symiau	sum
tlawd	poor
tlodi *(m)*	poverty
toll *(f)* -au	toll
toriad *(m)* -au	cut
traul *(f)* treuliau	expense
treth *(f)* -i	tax
Treth ar Werth ('TAW')	Value Added Tax ('VAT')
treth bwrcas	purchase tax
treth gyngor	council tax
treth incwm	income tax
treth y pen	poll tax
trethdalwr *(m)* trethdalwyr	tax payer

trysorlys *(m)*	treasury
trysorydd *(m)* -ion	treasurer
y cyfoethog *(pl)*	the rich
y tlawd *(pl)*	the poor

56. Government

aelod *(m)* -au	member
Aelod Seneddol ('AS')	Member of Parliament ('MP')
Aelod Seneddol Ewropeaidd	Member of European Parliament
aelodaeth *(f)*	membership
annibyniaeth *(f)*	independence
annibynnol	independent
arglwydd *(m)* -i	lord
arglwyddes *(f)* -au	lady
arlywydd *(m)* -ion	president (of a country)
arwain	to lead
arweinydd *(m)* -ion	leader
atebol	accountable
atebolrwydd *(m)*	accountability
awdurdod *(f/m)* -au	authority
awdurdodol	authoritative
brenhines *(f)* breninesau	queen
brenhinol	royal
brenin *(m)* brenhinoedd	king
bwrdd *(m)* byrddau	board
bwrdd llywodraethu	governing board
cadeirio	to chair
cadeirydd *(m)* -ion	chairperson
cenedl *(f)* cenhedloedd	nation
(Y Cenhedloedd Unedig	The United Nations)
cenedlaethol	national
comisiwn *(m)* comisiynau	commission
(Y Comisiwn Ewropeaidd	The European Commission)
coron *(f)* -au	crown
coroni	to crown
cyfrifol	responsible
cyfrifoldeb *(m)* -au	responsibility
cyngor *(m)* cynghorau	council
cyngor cymuned	community council

cyngor dosbarth	district council
cyngor sir	county council
cynghorydd *(m)* cynghorwyr	councillor
cyhoedd *(m)*	public
cyhoeddus *(adj)*	public
Cymuned Ewropeaidd *(f)*	European Community
cynnal	to hold
cynrychiolaeth *(f)*	representation
cynrychioli	to represent
cynrychiolwr/cynrychiolydd *(m)*	representative
cynrychiolwyr *(pl)*	
cynulliad *(m)* -au	assembly
datganoli	to decentralise
deddf *(f)* -au	act
deddfu	to legislate
deddfwriaeth *(f)*	legislation
democratiaeth *(f)* -au	democracy
democratig	democratic
diplomat *(m)* -iaid	diplomat
dirprwy *(m)* -on	deputy; delegate
dirprwyaeth *(f)* -au	deputation
egwyddor *(f)* -ion	principle
gormes *(m)*	tyranny, oppression
gormesol	tyrannical, oppressive
gormesu	to oppress
gormeswr *(m)* gormeswyr	oppressor
gorsedd *(f)* -au	throne
gwasanaeth sifil *(m)*	civil service
gweinidog *(m)* -ion	minister
(prif weinidog	prime minister)
gweinyddiaeth *(f)* -au	administration
gweinyddol	administrative
gweinyddu	to administer
gweinyddwr *(m)* gweinyddwyr	administrator
gweithgor *(m)* -au	working party
gweriniaeth *(f)* -au	republic
gweriniaethol	republican
gwladwriaeth *(f)* -au	state
gwladwriaeth les	welfare state

hunanlywodraeth *(m)*	home rule
llysgenhadaeth *(f)*	embassy
llysgenadaethau *(pl)*	
llysgennad *(m)* llysgenhadon	embassador
llywodraeth *(f)* -au	government
llywodraeth ganol	central government
llywodraeth leol	local government
llywodraethu	to govern
llywydd *(m)* -ion	president
llywyddiaeth *(f)*	presidency
mesur *(m)* -au	parliamentary bill
pencadlys *(m)*	headquarters
polisi *(m)* polisïau	policy
preifat	private
prif weithredwr *(m)*	chief executive
prif weithredwyr *(pl)*	
pwyllgor *(m)* -au	committee
(is-bwyllgor	sub-committee)
pwyllgor dethol	select committee
pwyllgor gwaith	executive committee
pwyllgor llywio	steering committee
rhyngwladol	international
sector *(f/m)* -au	sector
sector cyhoeddus	public sector
sector preifat	private sector
senedd *(f)* -au	parliament
seneddol	parliamentary
sofraniaeth *(f)*	sovereignty
strategaeth *(f)* -au	strategy
strategol	strategic
strwythur *(m)* -au	structure
Swyddfa Dramor *(f)*	Foreign Office
Swyddfa Gartref *(f)*	Home Office
Swyddfa Gymreig *(f)*	Welsh Office
swyddogol	official
teyrnas *(f)* -oedd	kingdom
teyrnasu	to reign
Tŷ'r Arglwyddi	House of Lords
Tŷ'r Cyffredin	House of Commons

tywysog *(m)* -ion	prince
tywysogaeth *(f)* -au	principality
tywysoges *(f)* -au	princess
unben *(m)* -iaid	dictator
unbenaethol	dictatorial
unbennaeth *(f)*	dictatorship
ymgynghori	to consult
ymreolaeth *(f)*	home rule
ymyrraeth *(f)*	interference
ymyrryd â	to interfere with
ysgrifennydd *(m)* ysgrifenyddion	secretary
Ysgrifennydd Gwladol Cymru	Secretary of State for Wales
ysgrifenyddes *(f)* -au	secretary

57. Politics

aden/asgell chwith *(f)*	left-wing
aden/asgell dde *(f)*	right-wing
araith *(f)* areithiau	speech
areithio	to make a speech
arolwg *(m)* arolygon	survey
arolwg barn	opinion poll
baner *(f)* -i	flag, banner
blwch pleidleisio *(m)*	ballot box
blychau pleidleisio *(pl)*	
bwrw pleidlais	to cast a vote
ceidwadol *(adj)*	conservative
Ceidwadwr *(m)* Ceidwadwyr	Conservative
cenedlaetholdeb *(m)*	nationalism
cenedlaetholwr *(m)*	nationalist
cenedlaetholwyr *(pl)*	
Comiwnydd *(m)* -ion	Communist
Comiwnyddiaeth *(f)*	Communism
comiwnyddol *(adj)*	communist
cymryd yr awenau	to take control
cynghrair *(f/m)* cynghreiriau	alliance
cynhadledd *(f)* cynadleddau	conference
cynigiwr *(m)* cynigwyr	proposer
cynnig	to attempt, to offer, to propose

cynnig *(m)* cynigion	motion, offer
dadl *(f)* dadleuon	argument
dadlau	to debate, to argue
dadleuol	controversial
darbwyllo	to persuade
deiseb *(f)* -au	petition
deisebu	to petition
Democrat Rhyddfrydol *(m)*	Liberal Democrat
Democratiaid Rhyddfrydol *(pl)*	
eilio	to second
eilydd *(m)* -ion	seconder
eithafol *(adj)*	extreme
eithafwr *(m)* eithafwyr	extremist
ernes *(f)* -au	(election) deposit
ethol	to elect
etholaeth *(f)* -au	constituency
etholiad *(m)* -au	election
(is-etholiad	by-election)
etholiadol	electoral
etholwr *(m)* etholwyr	voter
Ffasgiaeth *(f)*	Fascism
gorsaf bleidleisio *(f)*	voting station
gorsafoedd pleidleisio *(pl)*	
gwladgarol	patriotic
gwladgarwch *(m)*	patriotism
gwladgarwr *(m)* gwladgarwyr	patriot
gwleidydd *(m)* -ion	politician
gwleidyddiaeth *(f)*	politics
gwleidyddol	political
gwrthblaid *(f)* gwrthbleidiau	opposition party
hiliaeth *(m)*	racism
hiliol *(adj)*	racist
lladd ar	to attack (verbally)
o blaid	in favour of
plaid *(f)* pleidiau	political party
(Plaid Cymru	Plaid Cymru
y Blaid Geidwadol	the Conservative Party
y Blaid Gomiwnyddol	the Communist Party
y Blaid Lafur	the Labour Party

y Blaid Ryddfrydol	the Liberal Party
y Blaid Werdd	the Green Party)
pleidlais *(f)* pleidleisiau	vote
pleidlais o ddiffyg hyder	vote of no confidence
pleidlais gudd	secret ballot
pleidleisio	to vote
pleidleisiwr *(m)* pleidleiswyr	voter
pôl piniwn *(m)* polau piniwn	opinion poll
pwnc llosg *(m)* pynciau llosg	controversial subject
rhaniad *(m)* -au	division
rhwyg *(m)* -iadau	split
rhwygo	to split
rhyddfrydol	liberal
sosialaeth *(f)*	socialism
sosialydd *(m)* sosialwyr	socialist
terfysgwr *(m)* terfysgwyr	terrorist
terfysgaeth *(f)*	terrorism
trafod	to discuss, to handle
trafodaeth *(f)* -au	discussion
uno	to unite
unedig	unedig
ymgeisydd *(m)* ymgeiswyr	candidate
ymgyrch *(f/m)* -oedd	campaign
ymgyrchu	to campaign

58. Religion

abaty *(m)* abatai	abbey
Adda ac Efa	Adam and Eve
addoldy *(m)* addoldai	place of worship
addoli	to worship
addolwr *(m)* addolwyr	worshipper
Anghydffurfiaeth *(f)*	Nonconformity
Anghydffurfiwr *(m)* Anghydffurfwyr *(pl)*	Nonconformist
allor *(f)* -au	alter
Annibynnwr *(m)* Annibynwyr	Independent
archesgob *(m)* -ion	archbishop
Arglwydd	Lord
bedydd *(m)*	baptism

bedydd esgob	confirmation
bedyddfaen *(m)* bedyddfeini	font
bedyddio	to baptise
Bedyddiwr *(m)* Bedyddwyr	Baptist
Beibl *(m)* -au	Bible
Beiblaidd	Biblical
bendith *(f)* -ion	blessing
bendithio	to bless
blaenor *(m)* -iaid	elder
canmol	to praise
canmoliaeth *(f)* -au	praise
capel *(m)* -i	chapel
catholig *(adj)*	catholic
Catholig *(m)* -ion	Catholic
cenhadaeth *(f)* cenadaethau	mission
cenhadol *(adj)*	missionary
cenhadwr *(m)* cenhadon	missionary
côr *(m)* corau	pew
crefydd *(f)* -au	religion
crefyddol	religious
Cristion *(m)* Cristnogion	Christian
Cristionogaeth *(f)*	Christianity
croes *(f)* -au	cross
curad *(m)* -on	curator
cwrdd *(m)* cyrddau	(religious) meeting
cwrdd gweddi	prayer meeting
Cymanfa Ganu *(f)*	singing festival
cymod *(m)*	reconciliation
cymodi	to reconcile, to be reconciled
cymundeb *(m)*	communion
cynulleidfa *(f)* -oedd	congregation
cysegredig	sacred
cysegru	to consecrate
dameg *(f)* damhegion	parable
diacon *(m)* -iaid	deacon
diwinyddiaeth *(f)*	theology, divinity
diwinyddol	theological
Duw	God
duw *(m)* -iau	god

dwys	intense, profound
efengyl *(f)* -au	gospel
efengylwr *(m)* efengylwyr	evangelist
eglwys *(f)* -i	church
eglwys gadeiriol	cathedral
eglwysig	ecclesiastical
eglwyswr *(m)* eglwyswyr	churchman
eilun *(m)* -od	idol
emyn *(m)* -au	hymn
enwad *(m)* -au	denomination
enwadol	denominational
esgob *(m)* -ion	bishop
esgobaeth *(f)* -au	diocese
ficer *(m)* -iaid	vicar
ficerdy *(m)* ficerdai	vicarage
ffydd *(f)*	faith
(mewn ffydd	in faith
trwy ffydd	by faith)
ffyddloniaid *(pl)*	faithful ones
gweddi *(f)* gweddïau	prayer
Gweddi'r Arglwydd	Lord's Prayer
gweddïo	to pray
gweledigaeth *(f)* -au	vision
gwyrth *(f)* -iau	miracle
gwyrthiol	miraculous
Hen Destament	Old Testament
(yr) Iesu	Jesus
Iesu Grist	Jesus Christ
llafarganu	to chant
lleian *(f)* -od	nun
lleiandy *(m)* lleiandai	convent
Llyfr Gweddi Cyffredin	Common Prayer Book
maddau	to forgive
maddeuant *(m)*	forgiveness
Methodist *(m)* -iaid	Methodist
mosg *(m)* -au	mosque
Moslem *(m)* -iaid	Moslem
mynach *(m)* -od	monk
mynachaidd	monastic

mynachdy *(m)* mynachdai	monastery
mynachlog *(f)* -ydd	monastery
offeiriad *(m)* offeiriaid	clergyman, priest
organydd *(m)* -ion	organist
Pab *(m)* -au	Pope
Pabydd *(m)* -ion	Catholic
pabyddol *(adj)*	catholic
pechadur *(m)* -iaid	sinner
pechod *(m)* -au	sin
pechu	to sin
person *(m)* -iaid	parson
pregeth *(f)* -au	sermon
(traddodi pregeth	to deliver a sermon)
pregethu	to preach
pregethwr *(m)* pregethwyr	preacher
proffwyd *(m)* -i	prophet
proffwydo	to prophesy
proffwydoliaeth *(f)* -au	prophecy
Protestannaidd *(adj)*	Protestant
Protestant *(m)* Protestaniaid	Protestant
pulpud *(m)* -au	pulpit
salm *(f)* -au	psalm
sanctaidd	sacred
seiat *(m)* seiadau	fellowship meeting
synagog *(m)* -au	synagogue
tangnefedd *(m)*	inner peace
teml *(f)* -au	temple
Testament Newydd	New Testament
trindod *(f)* -au	trinity
urdd *(f)* -au	order
ysgrythur *(f)* -au	scripture
ysbryd *(m)*	ghost, spirit
(yr ysbryd glân	the holy spirit)
ysbrydion *(pl)*	ghosts
ysbrydoedd *(pl)*	spirits

59. Industry and business

busnes *(m)* -au	business
cwmni *(m)* cwmnïau	company

cwmni cyhoeddus cyfyngedig ('ccc')	public limited company ('plc')
cyflog *(f/m)* -au	salary, wage
cyflogi	to employ
cyflogaeth *(f)*	employment
cyflogwr *(m)* cyflogwyr	employer
cyfweld â	to interview
cyfweliad *(m)* -au	interview
cynnyrch *(m)* cynhyrchion	produce, product
cytundeb *(m)* -au	agreement
datgymalu	to dismantle
dirwyn i ben	to close down, to wind up
diswyddo	to dismiss
diwydiant *(m)* diwydiannau	industry
diwydiannol	industrial
diwydiannwr *(m)* diwydianwyr	industrialist
doc *(m)* -iau	dock
dyletswydd *(f)* -au	duty, obligation
ffatri *(f)* ffatrïoedd	factory
galwedigaeth *(f)* -au	calling, vocation
gorchwyl *(m)* -ion	job, task
gorgynhyrchu	to overproduce
goruchwyliwr *(m)* goruchwylwyr	steward, supervisor
gwaith *(m)* gweithiau	work, works
(yn y gwaith	at work, in work)
gwaith alcam	tin work
gwaith dur	steelworks
gwaith haearn	iron works
gwaith tun	tin works
gweithdy *(m)* gweithdai	workshop
gweithfeydd *(pl)*	works
gweithgynhyrchu	to manufacture
gweithgynhyrchion *(pl)*	manufactured products
gweithio	to work
gweithiwr *(m)* gweithwyr	worker
gweithlu *(m)* -oedd	workforce
gweolion *(pl)*	textiles
gwirfoddol	voluntary
(o'm gwirfodd	voluntarily, of my own free will)

gwirfoddolwr *(m)* gwirfoddolwyr	volunteer
gwneud	to do, to make
gwneuthuriad *(m)* -au	make
gyrfa *(f)* -oedd	career
llafur *(m)* -iau	labour
llafurio	to labour
peirianneg *(f)*	engineering
peirianneg drydanol	electrical engineering
peirianneg fecanyddol	mechanical engineering
peirianneg forol	maritime engineering
peiriannol	mechanical
peiriannwr/peiriannydd *(m)*	engineer
peirianwyr *(pl)*	
peiriant *(m)* peiriannau	engine, machine
peirianwaith *(m)*	mechanism
penodi	to appoint
penodiad *(m)* -au	appointment
prentis *(m)* -iaid	apprentice
prentisiaeth *(f)*	apprenticeship
(bwrw prentistiaeth	to serve an apprenticeship)
proses *(f)* -au	process
prosesu	to process
purfa *(f)* purfeydd	refinery
purfa olew	oil refinery
pŵer *(m)* -au	power
pwerdy *(m)* pwerdai	power station
rheolaeth *(f)*	control, management
rheolwr *(m)* rheolwyr	manager
stordy *(m)* stordai	warehouse
streic *(f)* -iau	strike
(ar streic	on strike)
streiciwr *(m)* streicwyr	striker
swydd *(f)* -i	job
swyddfa *(f)* swyddfeydd	office
swyddogaeth *(f)* -au	function, role
system *(f)* -au	system
technoleg *(f)*	technology
undeb llafur *(m)* undebau llafur	trade union
undebwr *(m)* undebwyr	trade unionist

ymddiswyddo	to resign
ystad *(f)* -au	estate
ystad ddiwydiannol	industrial estate

60. War

amgylchynu	to surround
anrheithio	to plunder
arf *(f/m)* -au	arm, weapon
arfau niwclear	nuclear weapons
arfau confensiynol	conventional weapons
arfog	armed
arfogaeth *(f)*	armour
arfogi	to arm
arwr *(m)* arwyr	hero
arwres *(f)* -au	heroine
arwrol	heroic
bom *(m)* -iau	bomb
bomio	to bomb
brad *(m)*	treason
bradwr *(m)* bradwyr	traitor
bradychu	to betray
brwydr *(f)* -au	battle
brwydro	to battle
bwa *(m)* bwâu	bow
bwa a saeth	bow and arrow
byddin *(f)* -oedd	army
cadfridog *(m)* -ion	general
cadoediad *(m)* -au	truce
caer *(m)* -au, ceyrydd	fort
catrawd *(f)* catrodau	regiment
cleddyf *(m)* -au	sword
cyflafan *(f)* -au	massacre
cynghreiriad *(m)* cynghreiriaid	ally
cyrch *(m)* -oedd	attack
cyrch awyr	air raid
dianc/dengyd	to escape
diarfogi	to disarm
diarfogi unochrog	unilateral disarmament

diarfogi amlochrog	multilateral disarmament
difodi	to exterminate
difrod *(m)*	devastation
difrodi	to devastate
dihangfa *(f)* diangfâu	escape
distrywio	to destroy
dryll *(f/m)* -iau *(SW)*	gun, rifle
erchylltra *(m)* erchyllterau	atrocity
ffoadur *(m)* -iaid	refugee
ffoi	to flee
(ar ffo	fleeing, on the run)
ffrwydro	to explode
ffrwydryn *(m)* ffrwydron	explosive, mine
gelyn *(m)* -ion	enemy
gelyniaeth *(f)*	hostility
goresgyn	to conquer
gorymdaith *(f)* gorymdeithiau	march
gorymdeithio	to march
gwarchae	to beseige
(dan warchae	under siege)
gwarchod	to guard
gwn *(m)* gynnau *(NW)*	gun
gwŷr meirch *(pl)*	cavalry
gwŷr traed *(pl)*	infantry
heddwch *(m)*	peace
heddychol	peaceful
heddychwr *(m)* heddychwyr	pacifist
lladd	to kill
lladdfa *(f)* lladdfâu,	slaughter
lladdfeydd *(pl)*	
llong danfor *(f)* llongau tanfor	submarine
llong ryfel *(f)* llongau rhyfel	warship
llu *(m)* -oedd	force
(y lluoedd arfog	the armed forces)
llu awyr	air force
llynges *(f)* -au	fleet, navy
llyngesydd *(m)* -ion	admiral
milwr *(m)* milwyr	soldier
milwrol	military

panig *(m)*	panic
rhingyll *(m)* -iaid	sargeant
rhyfel *(f/m)* -oedd	war
(Ail Ryfel Byd	Second World War
Rhyfel Byd Cyntaf	First World War)
rhyfel cartref	civil war
rhyfela	to wage war
rhyfelgar	warlike, bellicose
saeth *(f)* -au	arrow
saethu	to shoot
swyddog *(m)* -ion	officer
taflegryn *(m)* taflegrau	missile
tanio	to fire
tarian *(f)* -au	shield
teyrngar	loyal
teyrngarwch *(m)*	loyalty
ymladd	to fight
ymosod (ar)	to attack
ymosodiad *(m)* -au	attack

61. Crime

adwaith *(m)* adweithiau	reaction
adweithio	to react
afreolus	unruly
anghydfod *(m)* -au	disagreement
anweddus	indecent
(a)restio	to arrest
argyfwng *(m)* argyfyngau	crisis
bai *(m)* beiau	fault
(ar fai	at fault
bwrw'r bai ar rywun	to put the blame on someone)
beio	to blame
bwrw	to hit
bygwth	to threaten
bygythiad *(m)* bygythion	threat
cadw reiat	to make a disturbance
cadw sŵn	to make a noise
cael coten *(SW)*	to get beaten up
camfihafio *(sl)*	to misbehave

camymddwyn	to misbehave
camymddygiad *(m)*	misbehaviour
ceryddu	to reprimand, to tell off
cipio	to snatch
crasfa *(f)* crasfeydd *(SW)*	beating, hiding
(cafodd e grasfa *(SW)*	he got beaten up)
cuddfan *(f)* -nau	hiding place
cuddio *(NW)*	to hide
cwato *(SW)*	to hide
cweir *(m)* -iau *(NW)*	beating, hiding
(cafodd e gweir *(NW)*	he got beaten up)
cwffio *(NW)*	to fight, to brawl
cwyn *(f/m)* -ion	complaint
cyflawni trosedd	to commit a crime
cynllwyn *(m)* -ion	plot
cynllwynio	to conspire, to plot
cynnwrf *(m)*	agitation, disturbance
cythrwfl *(m)*	uproar
chwilio am	to look for
chwilio'r tŷ	to search the house
dal	to capture, to catch
ditectif *(m)* -s	detective
diogel	safe
diogelwch *(m)*	safety
dod o hyd i	to come across, to find
drwgdybiaeth *(f)* -au	suspicion
drwgdybio	to suspect
drwgdybus	suspicious
dweud y drefn	to lay down the law
dwgyd *(SW)* *(sl)*	to steal
dwyn	to steal
dyrnu	to thump
enllib *(m)* -ion	libel, slander
ergyd *(f/m)* -ion	blow
ergydio	to hit
fandal *(m)* -iaid	vandal
fandaleiddio	to vandalise
gau	false
gwahardd	to forbid

gwaharddedig	forbidden, prohibited
gwystl *(m)* -on	hostage
heddlu *(m)*	police
heddwas *(m)* heddweision	policeman
hel allan	to drive out
(cafodd e ei hel allan o'r tŷ	he was driven out of the house)
helynt *(f)* -ion	trouble
herwgipio	to hijack
lladrad *(m)* -au	robbery
lladrad arfog	armed robbery
lladrata	to steal
lladrones *(f)* -au	thief
lleidr *(m)* lladron	thief
llofrudd *(m)* -ion	murderer
llofruddiaeth *(f)* -au	murder
llofruddio	to murder
llosgwr *(m)* llosgwyr	arsonist
llwgr	corrupt, corruption
llwgrwobrwyo	to bribe
plismon *(m)* plismyn	policeman
plismona	to police
plismones *(f)* -au	policewoman
putain *(f)* puteiniaid	prostitute
puteindra *(m)*	prostitution
rhoi pryd o dafod i rywun	to tell off someone
saff *(sl)*	safe
taro	to hit
terfysg *(m)* -oedd	riot, disturbance
terfysglyd	riotous, turbulent
terfysgu	to riot
terfysgwr *(m)* terfysgwyr	rioter
trafferth *(f/m)* -ion	trouble
trafferthus	troublesome
trais *(m)*	rape, violence
treisio	to rape, to violate
trosedd *(f/m)* -au	crime
troseddol *(adj)*	criminal
troseddu	to commit a crime
troseddwr *(m)* troseddwyr	criminal

trybini *(m)*	trouble
trychineb *(f)* -au	calamity, disaster
trychinebus	disasterous
trywanu	to stab
ymddwyn	to behave
ymddygiad *(m)* -au	behaviour

62. Law

achos *(m)* -ion	case
anghyfiawn	unjust
anghyfiawnder *(m)*	injustice
amod *(f)* -au	condition
apêl *(f/m)* apelau	appeal
apelio	to appeal
bargyfreithiwr (g)	barrister
bargyfreithwyr *(pl)*	
barn *(f)* -au	judgement, opinion
barnwr *(m)* barnwyr	judge
barnu	to judge
caniatâd *(m)*	permission
caniatáu	to permit
canllaw *(f/m)* -iau	guideline
canolfan gadw *(f)*	detention centre
canolfannau cadw *(pl)*	
carchar *(m)* -dai	prison
carchar am oes	life imprisonment
carcharor *(m)* -ion	prisoner
carcharu	to imprison
cell *(f)* -oedd	cell
cosb *(f)* -au	punishment, penalty
cosbi	to punish
croesholi	to cross-examine
croesholiad *(m)* -au	cross-examination
crogi	to hang
crwner *(m)* -iaid	coroner
cwest *(m)* -au	inquest
cyd-destun *(m)* -au	context
cyfaddef	to admit
cyfaddefiad *(m)* -au	admission

cyfiawn	just
cyfiawnder *(m)*	justice
cyfraith *(f)* cyfreithiau	law
cyfreithiol	legal
cyfreithiwr *(m)* cyfreithwyr	lawyer, solicitor
cyfreithlon	lawful
cyfrinach *(f)* -au	secret
cyfrinachol	confidential, secret
cyhuddo	to accuse, to charge
cynsail *(m)* cynseiliau	precedent
dalfa *(f)* dalfeydd	custody, lock-up
darbwyllo	to persuade
datgelu	to reveal
dedfryd *(f)* -au	sentence
dedfryd ohiriedig	suspended sentence
dedfrydu	to sentence
dial	to avenge, revenge
dienyddiad *(m)* -au	execution
dienyddio	to execute
dieuog	innocent, not guilty
difrifol	serious
diffynnydd *(m)* diffynyddion	defendant
dirwy *(f)* -on	fine
dirwyo	to fine
dod ag e at ei goed	to bring him to his senses
dwyn perswâd (ar rywun)	to persuade (someone)
dyfarniad *(m)* -au	verdict
dynladdiad *(m)* -au	manslaughter
erlyn	to prosecute
erlyniad *(m)* -au	prosecution
erlynydd *(m)* erlynwyr	prosecutor
euog	guilty
euogrwydd *(m)*	guilt
gorfodaeth *(f)*	compulsion, obligation
gorfodi	to compel
gwadu	to deny
gwahardd	to prohibit
gwaharddiad *(m)* -au	prohibition
gweithred *(m)* -oedd	act, deed

gweithredu	to act
gwrandawiad *(m)* -au	hearing
gwrthwynebiad *(m)* -au	objection
hawl *(f)* -iau	right
hawlio	to demand
holi	to question
honedig	alleged
honni	to allege
iawndal *(m)*	compensation
llw *(m)* -on	oath
llygad-dyst *(m)* -ion	eye witness
llys *(m)* -oedd	court
(gerbron y llys	in court)
llys sirol	county court
llys y goron	crown court
llys ynadon	magistrates court
mechnïaeth *(f)*	bail
(ar fechnïaeth	on bail)
o flaen ei well	in front of his betters; in court
parôl *(m)*	parole
(ar barôl	on parole)
perswadio	to persuade
pledio	to plead
prawf *(m)* profion	trial
protestiwr *(m)* protestwyr	protestor
rheithfarn *(f)*	verdict
rheithgor *(m)*	jury
rheswm *(m)* rhesymau	reason
rhesymu	to reason
rhybudd *(m)* -ion	warning
rhybuddio	to warn
rhyddhau	to free
rhyddid *(m)*	freedom
sefyll prawf	to stand trial
taeru	to insist, to swear
taeru'n ddu las	to swear with conviction
tyngu	to swear, to vow
tyst *(m)* -ion	witness
tystio	to testify

tystiolaeth *(f)* -au	evidence
unigolyn *(m)* unigolion	individual
ymddiheuro	to apologise
ymddiheuriad *(m)* -au	apology
ynad *(m)* -on	magistrate

63. Town

(ad)nabod lle	to know a place
amgueddfa *(f)* amgueddfeydd	museum
berwi â phobl	to overflow with people
brigâd dân *(f)* brigadau tân	fire brigade
bwyty *(m)* bwytai	restaurant
caffi *(m)* -s	café
canol y dref	town centre
canol y ddinas	city centre
canolfan siopa *(f)*	shopping centre
canolfannau siopa *(pl)*	
castell *(m)* cestyll	castle
cerddwr *(m)* cerddwyr	pedestrian
clwb *(m)* clybiau	club
clwb ieuenctid	youth club
clwb nos	night club
cofgolofn *(f)* -au	monument
cyfarwydd â	familiar with
cymdeithas *(f)* -au	society
cymdeithasu	to socialise
cymuned *(f)* -au	community
cymunedol *(adj)*	community
cynllun *(m)* -iau	plan
cynllunio	to plan
cynllunydd/cynllunwr *(m)*	planner
cynllunwyr *(pl)*	
cyrion *(pl)*	outskirts
(ar gyrion y dre	on the outskirts of the town)
dan ei sang *(SW)*	crowded, full to the brim
dinas *(f)* -oedd	city
dinesig	civic
dinesydd *(m)* dinasyddion	citizen
gorsaf *(f)* -oedd	station

gorsaf betrol	petrol station
gorsaf fysiau	bus station
gorsaf dân	fire station
heol fawr *(f)*	high street
llwybr *(m)* -au	footpath
llwybr cyhoeddus	public footpath
llyfrgell *(f)* -oedd	library
llyfrgellydd *(m)* llyfrgellwyr	librarian
maer *(m)* meiri	mayor
maeres *(f)* -au	mayoress
maes parcio *(m)* meysydd parcio	car park
maestref *(f)* -i, -ydd	suburb
neuadd y dref	town hall
neuadd y ddinas	city hall
parc *(m)* -iau	park
pentref *(m)* -i	village
pont *(f)* -ydd	bridge
prifddinas *(f)* -oedd	capital city
rhodfa *(f)* rhodfeydd	avenue
sgwâr *(f)* sgwariau	square
swyddfa'r post	the post office
swyddfa'r heddlu	the police station
tafarn *(f/m)* -au	pub
(tafarn datws *(sl)*	chip shop)
torf *(f)* -eydd	crowd
tref *(f)* -i	town
trefol	urban
twˆr *(m)* tyrau	tower
tŷ bwyta *(m)* tai bwyta	restaurant
tyrfa *(f)* -oedd	crowd
ystad *(f)* -au	estate
ystad dai	housing estate

64. Shopping

agor	to open
agored *(adj)*	open
ail-law	second hand
am ddim	for nothing, free

anrheg *(f)* -ion	present
anfoneb *(f)* -au	invoice
ar agor	open
ar gau	closed
archfarchnad *(f)* -oedd	supermarket
arian *(m)*	money
arian cochion	coppers, copper money
arian gleision/gwynion	silver money
arian mân	small change
arian sychion	hard cash
arwerthiant *(m)* arwerthiannau	auction
arwerthu	to auction
arwerthwr *(m)* arwerthwyr	auctioneer
barbwr *(m)* barbwyr	barber
bargeinio	to bargain
bargen *(f)* bargeinion	bargain
bil *(m)* -iau	bill
cardota	to beg
cardotyn *(m)* cardotwyr	beggar
cau	to close
ceiniog *(f)* -au	coin, penny
cerdyn *(m)* cardiau	card
cerdyn credyd	credit card
cigydd *(m)* -ion	butcher
costi *(SW) (sl)*	to cost
costio	to cost
costus	expensive
cownter *(m)* -au, -i	counter
cwsmer *(m)* -iaid	customer
cwsmeriaeth *(f)*	custom
defnyddiwr *(m)* defnyddwyr	consumer
derbynneb *(f)* derbynebau, derbynebion *(pl)*	receipt
dewis	to choose
dewis a dethol	to pick and choose
dewis *(m)* -iadau	choice
drud	expensive
faint?	how much?
(faint ydyn nhw'n (ei) gostio?	how much do they cost?)

fferyllfa *(f)* fferyllfeydd	chemist (shop)
fferyllydd *(m)* fferyllwyr	chemist (person)
fforddio	to afford
gorwario	to overspend
gostyngiad *(m)* -au	reduction
groser *(m)* -iaid	grocer
gwario	to spend
gwerth *(m)* -oedd	value
gwerthfawr	valuable
gwerthu	to sell
hala arian *(SW)*	to spend money
marchnad *(f)* -oedd	market
masnach *(f)* -au	trade
masnachol	commercial
masnachu	to trade
masnachwr *(m)* masnachwyr	merchant, tradesman
nwyddau *(pl)*	goods, merchandise
nwyddau traul	consumer goods
papur *(m)* -au	note, paper
papur deg punt	ten pound note
pisyn *(m)* -nau	piece
pisyn deg (ceiniog)	ten p(ence) piece
pobydd *(m)* -ion	baker
popty *(m)* poptai	bakery
pori	to browse
pres *(NW)* *(sl)*	money
pris *(m)* -iau	price
prynu	to buy
prynwr *(m)* prynwyr	buyer, shopper
punt *(f)* punnau, punnoedd	pound (money)
rhad	cheap
sampl *(f)* -au	sample
samplu	to sample
sawl un?	how many?
(sawl un ydych chi eisiau?	how many do you want?)
sêl *(f)*	sale
siec *(f)* -iau	cheque
siop *(f)* -au	shop
siop bapurau	newsagent

siop deganau	toy shop
siop ddillad	clothes shop
siop ddodrefn *(NW)*	furniture shop
siop esgidiau	shoe shop
siop fara	bakery, bread shop
siop fideo	video shop
siop flodau	flower shop
siop ffrwythau	fruit shop
siop gelfi *(SW)*	furniture shop
siop lyfrau	book shop
siop trin gwallt	hairdresser
siopa	to go shopping
siopwr *(m)* siopwyr	shopkeeper
stondin *(m)* -au	stall
tsep *(SW) (sl)*	cheap
yn eisiau	wanted
yn rhad ac am ddim	for nothing, free
(y)stordy *(m)* (y)stordai	storehouse

ix Communications

65. The road

arhosfan (bws) *(f/m)* arosfannau (bws)	lay-by, bus stop
arwydd *(f/m)* -ion	sign
congl *(f)* -au	corner
cornel *(f/m)* -au, -i	corner
croesfan *(f)* croesfannau	pedestrian crossing
croesfan reilffordd	railway crossing
croesffordd *(f)* croesffyrdd	crossroads
cyffordd *(f)* cyffyrdd	junction
cylchfan *(f)* -nau	roundabout
damwain *(f)* damweiniau	accident
damweiniol	accidental
dim mynediad	no entry
ffordd *(f)* ffyrdd	road, way
ffordd drol *(NW)*	farm track
ffordd ddeuol	dual carriageway
ffordd fawr	main road
ffordd gefn	back street
ffordd osgoi	by-pass
ffordd wledig	country road
ffordd ymuno	slip road
garej *(m)* -ys	garage
goleuadau traffig *(pl)*	traffic lights
gwaith ffordd *(m)*	road works
gwyriad *(m)*	diversion
heol *(f)* -ydd	road *(SW)*, street
heol isaf	lower road
heol uchaf	top road
lôn *(f)* lonydd	lane; road *(NW)*
lôn bost/fawr *(NW)*	main road
lôn fawr *(NW)*	main road
lôn fysiau	bus lane
lôn gefn	back lane
llain galed *(f)*	hard shoulder
llain ganol *(f)*	central reservation

modurdy *(m)* modurdai	garage
pafin *(m) (SW)*	pavement
palmant *(m)* palmentydd *(NW)*	pavement
parth *(m)* -au	zone
pontffordd *(f)* pontffyrdd	fly-over, viaduct
priffordd *(f)* priffyrdd	main road
Rheolau'r Ffordd Fawr	Highway Code
rhes o draffig *(f)*	queue of traffic
rhesi o draffig *(pl)*	
stryd *(f)* -oedd	street
stryd unffordd	one-way street
tagfa *(f)* tagfeydd	queue
tagfa draffig	traffic jam
traffig *(m)*	traffic
traffig unffordd	one-way traffic
traffordd *(f)* traffyrdd	motorway
tro *(m)*	bend, turn, turning
troad *(m)* -au	bend, turn, turning
troellog	windy, bendy
trofa *(f)* trofeydd	bend, turn, turning
twmpath *(m)* -au	bump, hump, sleeping policeman
tyllu'r ffordd	to dig up the road
ymyl y ffordd *(f/m)*	roadside
ymyl y palmant *(f/m)*	kerb

66. Driving

arwyddiadur *(m)* -on	indicator
arwyddo	to indicate
bacio	to reverse
beic *(m)* -iau	bike
beic modur	motorbike
beicio	to cycle
beiciwr *(m)* beicwyr	cyclist
beiciwr modur	motorcyclist
bodio	to thumb, to hitch
brêc *(m)* breciau	brake
brecio	to brake

car *(m)* ceir	car
(dod yn y car	to come by car)
cerbyd *(m)* -au	vehicle; carriage
cerbyd argyfwng	emergency vehicle
cist *(f)* -iau	boot
cloc *(m)*	speedometer
corn *(m)* cyrn	horn
(canu'r corn	to sound the horn)
cynnau	to start, to turn on
diffodd	to switch off
fan *(f)* -iau	van
ffenestr flaen *(f)*	windscreen
ffenestri blaen *(pl)*	
ffenestr gefn/ôl *(f)*	rear window
ffenestri cefn/ôl *(pl)*	
gêr *(f/m)* gerau	gear
gêr isaf	bottom gear
gêr uchaf	top gear
gerbocs *(m)* -ys	gearbox
goddiweddyd	to overtake
goryrru	to speed
gwregys diogelwch *(m)*	safety belt
gwregysau diogelwch *(pl)*	
(rhoddwch eich gwregys	
diogelwch amdanoch!	put your safety belt on!)
gwrthdrawiad *(m)* -au	collision, crash
gwyro	to swerve
gyrru	to drive
gyrrwr *(m)* gyrwyr	driver
ildio	to give way
injan *(f)* -s	engine
lampau mawr *(pl)*	headlights
lampau niwl *(pl)*	fog lights
lampau ochr/ymyl *(pl)*	sidelights
lorri *(f)* lorïau	lorry
llyw *(m)* -iau	steering wheel
(wrth y llyw	in charge, in control)
llywio	to steer
modur *(m)* -on	motor

modurwr *(m)* modurwyr	motorist
mynd am dro yn y car	to go for a drive in the car
mynd yn syth ymlaen	to go straight on
newid gêr	to change gear
ôl-gerbyd *(m)* -au	trailer
olwyn *(f)* -ion	wheel
parcio	to park
peiriant *(m)* peiriannau	engine
pibell garthion *(f)*	exhaust pipe
pibellau carthion *(pl)*	
prawf gyrru *(m)* profion gyrru	driving test
pwynt cosb *(m)* pwyntiau cosb	penalty point
rhif car *(m)* rhifau ceir	car (registration) number
sbardun *(m)* -au	accelerator
sedd flaen *(f)* seddau blaen	front seat
sedd gefn/ôl *(f)* seddau cefn/ôl	back seat
sychwyr y ffenestr flaen *(pl)*	windscreen wipers
tacsi *(m)* -s	taxi
tanio	to start, to turn on
teiar *(m)* -s	tyre
teithiwr-bawd *(m)* teithwyr-bawd	hitchhiker
terfyn cyflymder *(m)*	speed limit
torri i lawr	to break down
tro pedol *(m)* troeon pedol	U-turn
trwydded yrru *(f)*	driving licence
trwyddedau gyrru *(pl)*	
tynnu	to tow
tystysgrif brawf *(f)*	test certificate ('MOT')
tystysgrifau prawf *(pl)*	
yswiriant *(m)*	insurance
yswirio	to insure

67. Air, bus, rail and sea travel

angor *(m)* -au, -ion	anchor
(bwrw angor	to cast anchor
wrth angor	at anchor)
amserlen *(f)* -ni	timetable
ar y bws/gyda'r bws	by bus
ar y trên/gyda'r trên	by train

awyren *(f)* -nau	aeroplane
bad *(m)* -au *(SW)*	boat
bad achub *(m)* badau achub	lifeboat
bag *(m)* -iau	bag
bagiau *(pl)*	luggage
bwcio	to book
bwrdd llong *(m)*	deck
bws *(m)* bysiau	bus
canu'n iach	to bid farewell
cei *(m)* -au	quay, quayside
cledr *(f)* -au	rail, track
(oddi ar y cledrau	off the rails)
clefyd y môr *(m)*	seasick
cludiant *(m)* cludiannau	transport
cludiant cyhoeddus	public transport
colli'r cwch	to miss the boat
cwch *(m)* cychod	boat
cymryd	to take
dadbacio	to unpack
dadlwytho	to unload
disgwyl	to expect
ffarwelio	to say goodbye
fferi *(f)* fferïau	ferry
fflio *(NW)* *(sl)*	to fly
glanio	to land
gohirio	to postpone
goleudy *(m)* goleudai	lighthouse
gorsaf *(f)* -oedd	station
gwyliwr y glannau *(m)*	coastguard
gwylwyr y glannau *(pl)*	
hedeg *(NW)*	to fly
hedfan *(SW)*	to fly
hediad *(m)* -au	flight
hofrennydd *(m)* hofrenyddion	helicopter
hysbysfwrdd *(m)* hysbysfyrddau	information board
hysbysrwydd *(m)*	information
hysbysu	to inform
label *(f)* -i	label
llong *(f)* -au	ship

llong hwylio	sailing ship
llongwr *(m)* llongwyr	sailor
llwyth *(m)* -i	load
llwytho	to load
llwythog	loaded
maes awyr *(m)* meysydd awyr	airport
mordaith *(f)* mordeithiau	voyage
morio	to sail, to voyage
morwr *(m)* morwyr	sailor
oedi	to delay
pacio	to pack
pasport *(m)* -au, -s	passport
peilot *(m)* -iaid	pilot
pen y daith *(m)*	destination
platfform *(m)* -iau	platform
porthladd *(m)* -oedd	harbour
porthor *(m)* -ion	porter
rheilffordd *(f)* rheilffyrdd	railway
salwch y môr *(m)*	sea-sickness
tâl *(m)* taliadau	fare, payment
tocyn *(m)* -nau	ticket
tocyn deupen/dwy ffordd/mynd a dod	return ticket
tocynnwr *(m)* tocynwyr	conductor
tollau *(pl)*	customs
trên *(m)* trenau	train
twnnel *(m)* twnelau	tunnel
ymadael	to depart
(y)stafell aros *(f)* (y)stafelloedd aros *(pl)*	waiting room

68. Post and Telephone

amlen *(f)* -ni	envelope
anfon (at berson/i le)	to send (to a person/to a place)
archebu	to order
archeb *(f)* -ion	order
arwyddo	to sign
blwch post *(m)* blychau post	post box

blwch/bocs llythyron *(m)*	letterbox
blychau/bocsys llythyron *(pl)*	
cerdyn post *(m)* cardiau post	postcard
cofion	regards (letter)
cofion cynnes/gorau	best wishes
cyfathrebu	to communicate
cyfeiriad *(m)* -au	address
cysylltiad *(m)* -au	connection
cysylltu â	to connect with
cysylltydd *(m)* cysylltwyr	operator
danfon	to send
deialu	to dial
derbyn	to receive
ffôn *(m)* ffonau	telephone
ffonio	to (tele)phone
ffurflen *(f)* -ni	form
galw	to call
galwad *(f)* -au	call
galwad brys	emergency call
gohebu	to correspond
gohebiaeth *(f)* -au	correspondence
gohebydd *(m)* gohebwyr	correspondent
gyrru *(NW)*	to send
hala *(SW)*	to send
lein *(f)* -iau	line
(mae'r lein yn brysur	the line is engaged)
llinell *(f)* -au	line
llofnod *(m)* -au	signature
llofnodi	to sign
llythyr *(m)* -au, -on	letter
nam *(m)* -au	fault
(mae nam ar y lein	there's a fault on the line)
neges *(f)* -au	message
neges gyflun (ffacs)	facsimile message (fax)
paced *(m)* -i	packet
papur llwyd *(m)*	wrapping paper
parsel *(m)* -i	parcel
pecyn *(m)* -nau	packet, parcel
postio	to post

postmon *(m)* postmyn	postman
stamp *(m)* -iau	stamp
stampio	to stamp
telathrebiaeth *(m)* -au	telecommunication
yn bur	yours
yn gywir (iawn)	yours
yr eiddoch yn gywir	yours sincerely

x Measurements

69. Numbers

Traditional	Contemporary	
dim	dim	nothing
un	un	one
dau *(m)*, dwy *(f)*	dau *(m)* dwy *(f)*	two
tri *(m)*, tair *(f)*	tri *(m)*, tair *(f)*	three
pedwar *(m)*, pedair *(f)*	pedwar *(m)*, pedair *(f)*	four
pump	pump	five
chwech	chwech	six
saith	saith	seven
wyth	wyth	eight
naw	naw	nine
deg	deg	ten
un ar ddeg	un deg un	eleven
deuddeg	un deg dau	twelve
tri ar ddeg	un deg tri	thirteen
pedwar ar ddeg	un deg pedwar	fourteen
pymtheg	un deg pump	fifteen
un ar bymtheg	un deg chwech	sixteen
dau ar bymtheg	un deg saith	seventeen
deunaw	un deg wyth	eighteen
pedwar ar bymtheg	un deg naw	nineteen
ugain	dau ddeg	twenty
un ar hugain	dau ddeg un	twenty one
dau ar hugain	dau ddeg dau	twenty two
tri ar hugain	dau ddeg tri	twenty three
pedwar ar hugain	dau ddeg pedwar	twenty four
pump ar hugain	dau ddeg pump	twenty five
chwech ar hugain	dau ddeg chwech	twenty six
saith ar hugain	dau ddeg saith	twenty seven
wyth ar hugain	dau ddeg wyth	twenty eight
naw ar hugain	dau ddeg naw	twenty nine
deg ar hugain	tri deg	thirty
un ar ddeg ar hugain	tri deg un	thirty one

deuddeg ar hugain	tri deg dau	thirty two
tri ar ddeg ar hugain	tri deg tri	thirty three
pedwar ar ddeg ar hugain	tri deg pedwar	thirty four
pymtheg ar hugain	tri deg pump	thirty five
un ar bymtheg ar hugain	tri deg chwech	thirty six
dau ar bymtheg ar hugain	tri deg saith	thirty seven
deunaw ar hugain	tri deg wyth	thirty eight
pedwar ar bymtheg ar hugain	tri deg naw	thirty nine
deugain	pedwar deg	forty
un a deugain	pedwar deg un	forty one
dau a deugain	pedwar deg dau	forty two
tri a deugain	pedwar deg tri	forty three
pedwar a deugain	pedwar deg pedwar	forty four
pump a deugain	pedwar deg pump	forty five
chwech a deugain	pedwar deg chwech	forty six
saith a deugain	pedwar deg saith	forty seven
wyth a deugain	pedwar deg wyth	forty eight
naw a deugain	pedwar deg naw	forty nine
hanner cant	pum deg	fifty
hanner cant ac un	pum deg un	fifty one
hanner cant a dau	pum deg dau	fifty two
hanner cant a thri	pum deg tri	fifty three
hanner cant a phedwar	pum deg pedwar	fifty four
hanner cant a phump	pum deg pump	fifty five
hanner cant a chwech	pum deg chwech	fifty six
hanner cant a saith	pum deg saith	fifty seven
hanner cant ac wyth	pum deg wyth	fifty eight
hanner cant a naw	pum deg naw	fifty nine
trigain	chwe deg	sixty
un a thrigain	chwe deg un	sixty one
dau a thrigain	chwe deg dau	sixty two
tri a thrigain	chwe deg tri	sixty three
pedwar a thrigain	chwe deg pedwar	sixty four
pump a thrigain	chwe deg pump	sixty five
chwech a thrigain	chwe deg chwech	sixty six
saith a thrigain	chwe deg saith	sixty seven

wyth a thrigain	chwe deg wyth	sixty eight
naw a thrigain	chwe deg naw	sixty nine
deg a thrigain	saith deg	seventy
un ar ddeg a thrigain	saith deg un	seventy one
deuddeg a thrigain	saith deg dau	seventy two
tri ar ddeg a thrigain	saith deg tri	seventy three
pedwar ar ddeg a thrigain	saith deg pedwar	seventy four
pymtheg a thrigain	saith deg pump	seventy five
un ar bymtheg a thrigain	saith deg chwech	seventy six
dau ar bymtheg a thrigain	saith deg saith	seventy seven
deunaw a thrigain	saith deg wyth	seventy eight
pedwar ar bymtheg a thrigain	saith deg naw	seventy nine
pedwar ugain	wyth deg	eighty
un a phedwar ugain	wyth deg un	eighty one
dau a phedwar ugain	wyth deg dau	eighty two
tri a phedwar ugain	wyth deg tri	eighty three
pedwar a phedwar ugain	wyth deg pedwar	eighty four
pump a phedwar ugain	wyth deg pump	eighty five
chwech a phedwar ugain	wyth deg chwech	eighty six
saith a phedwar ugain	wyth deg saith	eighty seven
wyth a phedwar ugain	wyth deg wyth	eighty eight
naw a phedwar ugain	wyth deg naw	eighty nine
deg a phedwar ugain	naw deg	ninety
un ar ddeg a phedwar ugain	naw deg un	ninety one
deuddeg a phedwar ugain	naw deg dau	ninety two
tri ar ddeg a phedwar ugain	naw deg tri	ninety three
pedwar ar ddeg a phedwar ugain	naw deg pedwar	ninety four
pymtheg a phedwar ugain	naw deg pump	ninety five
un ar bymtheg a phedwar ugain	naw deg chwech	ninety six
dau ar bymtheg a phedwar ugain	naw deg saith	ninety seven
deunaw a phedwar ugain	naw deg wyth	ninety eight
cant namyn un	naw deg naw	ninety nine

cant	cant	a hundred
cant ac un	cant ac un	a hundred and one
cant a dau	cant a dau	a hundred and two
cant ac ugain	cant dau ddeg	a hundred and twenty
dau gant	dau gant	two hundred
tri chant	tri chant	three hundred
pedwar cant	pedwar cant	four hundred
pum cant	pum cant	five hundred
chwe chant	chwe chant	six hundred
saith cant	saith cant	seven hundred
wyth cant	wyth cant	eight hundred
naw cant	naw cant	nine hundred

cant *(m)* cannoedd	hundred
mil *(f)* -oedd	thousand
miliwn *(f)* miliynau	million
biliwn *(m)* biliynau	billion (thousand million)

(i) Single nouns follow single-word numbers, eg, **deg mab**, 'ten sons', **ugain plismon**, 'twenty policemen'.

(ii) Plural nouns follow after **o**, eg, **deg o feibion**, 'ten sons', **ugain o blismyn**, 'ten policemen'.

(iii) **Pump, chwech** and **cant** become **pum, chwe** and **can** before nouns, eg, **pum dyn**, 'five men', **chwe dyn**, 'six men', **can dyn**, 'a hundred men'.

(iv) Feminine forms are used where appropriate, eg, **dwy ferch**, 'two girls'.

(v) In traditional composite numbers, the single noun comes after the first element, eg, **dau fab ar bymtheg**, 'seventeen sons'. The plural noun can also come after the number and **o**, eg, **dau ar bymtheg o feibion**, 'seventeen sons'.

(vi) With contemporary numbers, the number followed by **o** and the plural noun is used, eg, **un deg saith o feibion**, 'seventeen sons'.

(vii) The conjunction **a** is often added into contemporary composite numbers, eg, **un deg a saith o feibion**, 'seventeen sons'.

(vi) After thirty, the contemporary forms are most commonly used.

70. **Ordinals**

cyntaf	(1af)	first
ail	(2il)	second
trydydd *(m)* trydedd *(f)*	(3ydd/edd)	third
pedwerydd *(m)* pedwaredd *(f)*	(4ydd/edd)	fourth
pumed	(5ed)	fifth
chweched	(6ed)	sixth
seithfed	(7fed)	seventh
wythfed	(8fed)	eighth
nawfed	(9fed)	ninth
degfed	(10fed)	tenth
unfed ar ddeg	(11eg)	eleventh
deuddegfed	(12fed)	twelfth
trydydd ar ddeg	(13eg)	thirteenth
pedwerydd ar ddeg	(14eg)	fourteenth
pymthegfed	(15fed)	fifteenth
unfed ar bymtheg	(16eg)	sixteenth
ail ar bymtheg	(17eg)	seventeenth
deunawfed	(18fed)	eighteenth
pedwerydd ar ddeg	(19eg)	nineteenth
ugeinfed	(20fed)	twentieth
unfed ar hugain	(21ain)	twenty first
ail ar hugain	(22ain)	twenty second
trydydd ar hugain	(23ain)	twenty third
pedwerydd ar hugain	(24ain)	twenty fourth
pumed ar hugain	(25ain)	twenty fifth
chweched ar hugain	(26ain)	twenty sixth
seithfed ar hugain	(27ain)	twenty seventh
wythfed ar hugain	(28ain)	twenty eighth
nawfed ar hugain	(29ain)	twenty ninth

| degfed ar hugain | (30ain) | thirtieth |
| unfed ar ddeg ar hugain | (31ain) | thirty first |

canfed	hundredth
milfed	thousandth
miliynfed	millionth

(i) **Cyntaf** usually comes after the noun, eg, **y diwrnod cyntaf**, 'the first day'.

(ii) Other ordinals come before the noun, eg, **y trydydd bachgen**, 'the third boy'.

(iii) In composite ordinals, the noun comes immediately after the first element, eg, **yr unfed mis ar ddeg**, 'the eleventh month'.

(iv) Feminine forms are used where appropriate, eg, **y drydedd ferch ar ddeg**, 'the thirteenth girl'.

(v) All the above ordinals are commonly used in speech. After 31st, people often use only the number or add **rhif**, 'number' (although traditional ordinals exist), eg, **tudalen wyth deg naw**, 'the eighty-ninth page', **car rhif pum deg naw**, 'the fifty-ninth car'.

71. Fractions

hanner *(m)* haneri	half
traean *(m)*	third
dau draean	two thirds
chwarter *(m)* -i	quarter
tri chwarter	three quarters
pumed	fifth
dau bumed	two fifths
tri phumed	three fifths
pedwar pumed	four fifths
chweched	sixth
dau chweched	two sixths

| saith pwynt dim chwech | seven point nought six (7.06) |

72. **Idioms with numbers, ordinals and fractions**

am yn ail *(SW)*	alternately
ar y naw	exceedingly
bob yn ail *(NW)*	alternately
cael ail	to be disappointed
cant a mil o bethau	thousand and one things
chwarter call	not all there, half mad
does dim dwywaith amdani	there are no two ways about it
fesul un	one by one
fesul dau	two by two
gorau po gyntaf	the sooner the better
hanner call	half mad
hanner pan	half baked
heb ail	peerless, without equal
ill dau *(m)*	both of us, you two, the two of them
o'r hanner	by half
pob un	every one
pob un wan jac *(sl)*	every single person
taro deuddeg	to hit the mark
yn ei hanner	in half
yr un	each
(dwy bunt yr un	two pounds each)
yr un	(not) a single one
(welais i ddim yr un	I didn't see a single one)
yr unfed awr ar ddeg	the eleventh hour

73. **Quantity (general)**

anghyffredin	uncommon
ambell beth	the odd thing
amryw	several, various
arall *(pl* eraill)	other
bob (yn) dipyn	bit by bit, little by little
bron bob un	almost every one
bychan *(m)* (*f* bechan)	small, little
dwywaith gymaint	twice as much
cwbl *(adj, m)*	whole, total
cyfan *(adj, m)*	whole, total

cyffredin	common, ordinary
cymaint	as much, so much
cynifer *(adj, m)*	as many, so many
chwarter llawn/gwag	quarter full/empty
darn *(m)* -au	piece, part
digon	enough
digonedd *(m)*	abundance, plenty
dwbl *(m)*	double
dyrnaid *(m)* dyrneidiau	fistful
fesul tipyn	bit by bit, little by little
fesul ychydig	bit by bit, little by little
gormod *(m)*	too much
(gormod o lawer	too much by far)
gwag	empty
gweddill *(m)*	remnant
gweddillion *(pl)*	remains
hanner llawn/gwag	half full/empty
helaeth	extensive
holl	all
(yr holl fwyd	all the food)
i gyd	all
(y bwyd i gyd	all the food)
llai	less
llall *(pl* lleill)	another, other
(y naill neu'r llall	the one or the other)
llawer *(m)*	lot, much, many
llawn	full
llawn dop	full to the brim
lleiaf	least
lleiafrif *(m)* -oedd	minority
lleihau	to lessen
llenwi	to fill
llond dwrn *(m)* llond dyrnau	handful
llond gwlad *(m)*	abundance, country full
llond gwniadur *(m)*	thimbleful, negligible amount
llond llaw *(m)* llond dwylo	handful
mwy	more
(fwyfwy	increasingly)
mwyaf	most

mwyafrif *(m)* -oedd	majority
mwyafrif llethol	vast majority
mymryn *(m)* -nau	bit, particle
nifer *(f/m)* -oedd	number
o bell ffordd	by far, by a long way
o lawer	by far
pentwr *(m)* pentyrrau	heap, pile
peth *(m)* -au	thing
peth	some
prin	scarce, rare
pob un	every (single) one
popeth *(m)*	everything
prinder *(m)*	scarcity
rhagor	more
(rhagor o fwyd	more food)
rhai	some
rhan *(f)* -nau	part
rhy	too
(rhy fawr	too big)
rhyw	some
rhywbeth *(m)*	something
rhywfaint *(m)*	certain amount
tamaid *(m)* tameidiau	bit, piece
(tamaid bach	a little bit)
tipyn *(m)* tipiau	bit
(tipyn bach	a little bit)
ugeiniau *(pl)*	loads, scores
unrhyw beth	anything
y rhan fwyaf	the most part, the majority
y rhan helaeth	the most part, largely
ychydig	a little, a bit
(ychydig bach	a little bit)
yn gyfan gwbl	altogether, completely
unig	only
(yr unig beth	the only thing)

74. Quantity (specific)

cilogram *(m)* -au	kilogramme
chwart *(m)* -iau	quart
dwsin *(m)* -au	dozen
galwyn *(m)* -i	gallon
gram *(m)* -au	gram
litr *(m)* -au	litre
owns *(f)* -iau	ounce
peint *(m)* -iau	pint
pownd *(f/m) (SW)*	pound
pwys *(m)* -au	pound
stôn *(f)* stonau	stone
tunnell *(f)* tunelli	ton

75. Distance and directions

acw	(over) there
agos	close, near
agosáu at	to approach, to draw near
agosrwydd *(m)*	nearness
anghysbell	remote
allan	out
ar draws	across
ar hyd a lled	throughout, length and breadth
ar fy llawn hyd	at my full length/stretch
ar wahân	separate
bob man	everywhere
cyfagos	adjacent
cyfeiriad *(m)* -au	direction
cyfeirio	to address, to direct
chwith *(f)*	left
(ar y chwith	on the left
i'r chwith	to the left)
de *(f)*	right
(ar y dde	on the right
i'r dde	to the right)
diarffordd	out of the way, remote
draw	over
(draw fan 'cw	over there)

dros bob man	everywhere
drws nesaf	next door
(drws nesaf i'r tŷ	next door to the house)
dynesu	to approach
fan acw	(over) there
fan hyn	here
fan yma	here
fan yna	there
gwaelod	bottom
(ar waelod y stryd	at the bottom of the street
ar y gwaelod	at the bottom)
hyd *(m)* -oedd	length
ledled	throughout
lle *(m)* -oedd	place
llecyn *(m)* -nau	place, spot
lled *(m)*	breadth, width
llefydd *(pl) (sl)*	places
man *(f/m)* -nau	place, spot
man cychwyn	starting place
mas *(SW)*	out
min *(m)* -ion	brink, edge
nesaf	next
nesáu at	to approach, to draw near
nid nepell oddi yma	not far from here
o'm blaen	in front of me
(o'i flaen	in front of him)
ochr *(f)* -au	side
ochr wrth ochr	side by side
ochr yn ochr	side by side
pell	far
(yn bell oddi wrth y tŷ	far from the house)
pellhau	to move far off
pellter *(m)* -au, -oedd	distance
rhywle *(m)*	somewhere
syth ymlaen	straight ahead
unrhyw le *(m)*	anywhere
ym mhobman	everywhere
yma	here
yma a thraw	here and there

yma ac acw	here and there
ymlaen	forward
ymyl *(f/m)* -on	border, edge, margin
yn unlle *(NW)*	nowhere
yn unman	nowhere
yna	there
yno	there (out of sight)

76. Distances (specific)

centimetr *(m)* -au	centimetre
cilometr *(m)* -au	kilometre
llath *(f)* -au	yard
llathen *(f)* -ni	yard
metr *(m)* -au	metre
milimetr *(m)* -au	millimetre
milltir *(f)* -oedd	mile
modfedd *(f)* -i	inch
troedfedd *(f)* -i	foot
pum modfedd o drwch	five inches thick
pum modfedd o ddyfnder	five inches deep
pum modfedd o hyd	five inches long
pum modfedd o led	five inches wide
pum modfedd o uchder	five inches high
pum troedfedd o daldra	five foot tall
tair modfedd wrth bedair modfedd	three inches by four inches (3" x 4")

xi Time

77. Days and evenings of the week

dydd Sadwrn	Saturday
dydd Sul	Sunday
dydd Llun	Monday
dydd Mawrth	Tuesday
dydd Mercher	Wednesday
dydd Iau	Thursday
dydd Gwener	Friday

dw i'n gweithio ar ddydd Llun	I work Mondays
dw i'n gweithio ddydd Llun	I'm working on Monday

nos Sadwrn	Saturday night
nos Sul	Sunday night
nos Lun	Monday night
nos Fawrth	Tuesday night
nos Fercher	Wednesday night
nos Iau	Thursday night
nos Wener	Friday night

78. Months and seasons

Ionawr	January
Chwefror	February
Mawrth	March
Ebrill	April
Mai	May
Mehefin	June
Gorffennaf	July
Awst	August
Medi	September
Hydref	October
Tachwedd	November
Rhagfyr	December

dydd Gwener, y trydydd o Fedi	Friday, the third of September (the date is always masculine)

In speech, **mis** is often inserted in front of the names of the month when speaking about them generally, eg, **dw i'n mynd ym mis Mai**, 'I'm going in May'.

y gwanwyn *(m)*	the spring
yr haf *(m)*	the summer
yr hydref *(m)*	the autumn
y gaeaf *(m)*	the winter

79. Seasonal and religious festivals

Calan Mai	May Day
Dydd Calan	New Year's Day
Dydd Gwener y Groglith	Good Friday
Dydd Gŵyl Ddewi	St David's Day (1st March)
Gŵyl San Steffan	Boxing Day
Gŵyl Santes Dwynwen	Welsh equivalent of St Valentine's day (25 Jan)
Llun y Pasg	Easter Monday
Nadolig *(m)*	Christmas
Nos Galan	New Year's Eve
Nos Galan Gaeaf	Hallowe'en
Noswyl Nadolig	Christmas Eve
Pasg *(m)*	Easter
Sul y Pasg	Easter Sunday
Y Sulgwyn	Whitsun

80. Years

blwyddyn	year
dwy flynedd	two years
tair blynedd	three years
pedair blynedd	four years
pum mlynedd	five years
chwe blynedd	six years
saith mlynedd	seven years
wyth mlynedd	eight years
naw mlynedd	nine years

deng mlynedd	(deg o flynyddoedd)	10 years
un mlynedd ar ddeg	(un deg un o flynyddoedd)	11 years
deuddeng mlynedd	(un deg dau o flynyddoedd)	12 years
tair blynedd ar ddeg	(un deg tri o flynyddoedd)	13 years
pedair blynedd ar ddeg	(un deg pedwar o flynyddoedd)	14 years
pymtheng mlynedd	(un deg pump o flynyddoedd)	15 years
un mlynedd ar bymtheg	(un deg chwech o flynyddoedd)	16 years
dwy flynedd ar bymtheg	(un deg saith o flynyddoedd)	17 years
deunaw mlynedd	(un deg wyth o flynyddoedd)	18 years
pedair blynedd ar bymtheg	(un deg naw o flynyddoedd)	19 years
ugain mlynedd	(dau ddeg o flynyddoedd)	20 years
un mlynedd ar hugain	(dau ddeg un o flynyddoedd)	21 years
deng mlynedd ar hugain	(tri deg o flynyddoedd)	30 years
deugain mlynedd	(pedwar deg o flynyddoedd)	40 years
hanner can mlynedd	(pum deg o flynyddoedd)	50 years
trigain mlynedd	(chwe deg o flynyddoedd)	60 years
pedwar ugain mlynedd	(wyth deg o flynyddoedd)	80 years
can mlynedd	(cant o flynyddoedd)	100 years
mil o flynyddoedd		1000 years
miliwn o flynyddoedd		1,000,000 years

Mil naw cant naw deg tri	1993
Mil naw naw tri	1993 (most common form)
'Naw deg tri	'93

y flwyddyn gyntaf	the first year
yr ail flwyddyn	the second year
y drydedd flwyddyn	the third year
y bedwaredd flwyddyn	the fourth year
y bumed flwyddyn	the fifth year

y pedwardegau	the 40s
y pumdegau	the 50s
y chwedegau	the 60s
y saithdegau	the 70s
yr wythdegau	the 80s
y nawdegau	the 90s

81. Years (age)

blwydd oed	(un oed)	1 year old
dwy flwydd oed	(dwy oed)	2 years old
tair blwydd oed	(tair oed)	3 years old
pedair blwydd oed	(pedair oed)	4 years old
pum mlwydd oed	(pump oed)	5 years old
chwe blwydd oed	(chwech oed)	6 years old
saith mlwydd oed	(saith oed)	7 years old
wyth mlwydd oed	(wyth oed)	8 years old
naw mlwydd oed	(naw oed)	9 years old
deng mlwydd oed	(deg oed)	10 years old
un ar ddeg mlwydd oed	(un deg un oed)	11 years old
deuddeng mlwydd oed	(un deg dwy oed)	12 years old
tair ar ddeg mlwydd oed	(un deg tair oed)	13 years old
pedair ar ddeg mlwydd oed	(un deg pedair oed)	14 years old
pymtheng mlwydd oed	(un deg pump oed)	15 years old
un ar bymtheg mlwydd oed	(un deg chwech oed)	16 years old
dwy ar bymtheg mlwydd oed	(un deg saith oed)	17 years old
deunaw mlwydd oed	(un deg wyth oed)	18 years old
pedair ar bymtheg mlwydd oed	(un deg naw oed)	19 years old
ugain mlwydd oed	(dau ddeg oed)	20 years old
un ar hugain mlwydd oed	(dau ddeg un oed)	21 years old
dwy ar hugain mlwydd oed	(dau ddeg dwy oed)	22 years old
deg ar hugain mlwydd oed	(tri deg oed)	30 years old
deugain mlwydd oed	(pedwar deg oed)	40 years old
hanner can mlwydd oed	(pum deg oed)	50 years old
trigain mlwydd oed	(chwe deg oed)	60 years old
pedwar ugain mlwydd oed	(wyth deg oed)	80 years old
can mlwydd oed	(cant oed)	100 years old

Faint ydy eich oedran chi?   What is your age?

82. Time (general)

achlysur *(m)* -on	occasion
adeg *(f)* -au	period, time
(adeg y rhyfel	during the war)
amser *(m)* -au	time
amseru	to time

blwyddyn *(f)* blynyddoedd	year
blwyddyn naid	leap year
bore *(m)* -au	morning
bwrw amser	to spend time
bwrw'r nos	to spend the night
bwrw'r penwythnos	to spend the weekend
bwrw'r Sul	to spend Sunday (formerly: to spend the weekend)
calendr *(m)* -au	calendar
canrif *(f)* -oedd	century
cyfle *(m)* -oedd	opportunity
cyfleus	convenient
cyfnod *(m)* -au	period
degawd *(m)* -au	decade
difyrru'r amser	to pass the time
diwrnod *(m)* -au	day
(diwrnod i'r brenin	lazy day, leisurely day
y diwrnod o'r blaen	the other day)
dydd *(m)* -iau	day
dyddiad *(m)* -au	date
dyddiadur *(m)* -on	diary
dyfodol *(m)*	future
gorffennol *(m)*	past
hala amser *(SW)*	to spend time
hoe *(f)*	pause, rest
mis *(m)* -oedd	month
moment *(f)*	moment
nos *(f)* -au	night
nosi	to get dark
noson *(f)*	evening
noswaith *(f)* nosweithiau	evening
oed *(m)* -au	age
oedran *(m)* -nau	age
oes *(m)* -au, -oedd	age, lifetime, period (history)
orig *(f)*	a little while
pa bryd?	when?
peidio	to cease, to stop
pen blwydd *(m)* pen-blwyddi, pennau blwydd	birthday

penwythnos *(m)* -au	weekend
perfeddion nos *(pl)*	the depths of the night
presennol *(m)*	present
pryd *(m)* -iau	time (particular), when
prynhawn *(m)* -au, -iau	afternoon
pythefnos *(m)* -au	fortnight
rhan amser	part time
saib *(m)* seibiau	pause, rest
treulio amser	to spend time
tridiau *(pl)*	three days
tymor *(m)* tymhorau	season, term
wythnos *(f)* -au	week

83. Time (watch)

faint o'r gloch ydy hi?	what time is it?
mae hi'n wyth o'r gloch	it's eight o'clock
mae'n wyth o'r gloch	it's eight o'clock
un o'r gloch	one o'clock
dau o'r gloch	two o'clock
tri o'r gloch	three o'clock
pedwar o'r gloch	four o'clock
pump o'r gloch	five o'clock
chwech o'r gloch	six o'clock
saith o'r gloch	seven o'clock
wyth o'r gloch	eight o'clock
naw o'r gloch	nine o'clock
deg o'r gloch	ten o'clock
un ar ddeg o'r gloch	eleven o'clock
deuddeg o'r gloch	twelve o'clock
pum munud wedi wyth	five past eight
deng munud wedi wyth	ten past eight
chwarter wedi wyth	quarter past eight
ugain munud wedi wyth	twenty past eight
pum munud ar hugain wedi wyth	twenty-five past eight
hanner awr wedi wyth	half past eight
pum munud ar hugain i naw	twenty-five to nine

ugain munud i naw	twenty to nine
chwarter i naw	quarter to nine
deng munud i naw	ten to nine
pum munud i naw	five to nine
bron â bod yn wyth o'r gloch	almost eight o'clock
newydd droi wyth	just gone eight
toc wedi wyth	just gone eight
tua wyth o'r gloch	about eight o'clock
awr *(f)* oriau	hour
bys *(m)* -edd	hand (on clock)
cloc *(m)* -iau	clock
cloc larwm	alarm clock
chwarter awr	quarter of an hour
eiliad *(f/m)* -au	second
hanner awr	half an hour
hanner dydd	midday
hanner nos	midnight
munud *(f/m)* -au	minute
oriawr *(f)*	watch
wats *(m)* -ys	watch

84. Adverbs of time

am byth	for ever
am byth bythoedd	for ever and ever
am dipyn	for a bit
am faint?	for how long?
am hydoedd	for ages
am oes oesoedd	for ever and ever
am y tro	for now, for the time being
am ychydig	for a short time
am ysbaid	for a spell
ambell dro	occasionally
ambell waith	occasionally
amser maith yn ôl	a long time ago
ar adegau	at times
ar amrantiad	in an instant

ar ben	finished, over
ar brydiau	at times
ar drothwy	on the threshold
ar frys	in a hurry
ar fyr rybudd	at short notice
ar hyn o bryd	at the moment
ar unwaith	at once
ar y cychwyn	at the start, at the beginning
ar y cychwyn cyntaf	at the very beginning
ar y foment	at the moment
ar y pryd	at the time; simultaneously
ar yr un pryd	at the same time
bellach	by now, nowadays
bob amser	every time
bob blwyddyn	every year
bob cyfle	every opportunity
bob dydd	every day
bob gafael *(sl)*	every opportunity
bob hyn a hyn	every now and then
bob tro	every time
bob wythnos	every week
braidd byth	almost never
bryd hynny	that time, then
byth	ever, never (future)
byth a beunydd	for ever and a day
byth a hefyd	for ever and a day
byth eto	never again
cyn (bo) hir	before long, soon
cyn pen dim (o dro)	in next to no time
drachefn	again
drachefn a thrachefn	again and again
drannoeth	the next day
drennydd	the day after tomorrow
dro ar ôl tro	time after time
droeon	several times
dros dro	temporarily
drwodd a thro	all in all
drwy gydol y dydd	throughout the day
drwy gydol y nos	throughout the night

drwy'r amser	all the time
drwy'r dydd	all day
ddim eto	not yet, not again
ddoe	yesterday
echdoe	the day before yesterday
echnos	the night before last
eleni	this year
eisoes	already
erbyn hyn	by now
erbyn hynny	by then
erioed	ever, never (past)
ers amser	for a long time
ers hynny	since then
ers llawer dydd ('slawer dydd [*sl*]) (SW)	for a long time, since ages
ers meitin *(NW)*	a short time, a spell
ers tro (byd)	for ages
erstalwm *(NW)*	for a long time, since ages
eto	again, still, yet
fel arfer	usually
fin nos/yr hwyr	edge of the night, in the twilight
ganol dydd	middle of the day
ganol nos	middle of the night
gefn nos	middle of the night
golau dydd	broad daylight
gyda'r hwyr	in the evening
gyda'r nos	in the evening
gynnau	just now
gynt	formerly
heddi *(SW) (sl)*	today
heddiw	today
hen bryd	high time
heno	tonight
hyd yma	up to now
hyd yn ddiweddar	until recently
hyd yn hyn	up to now
liw dydd	daytime
liw nos	at night
maes o law	later on

mewn chwinciad	in an instant
mewn da pryd	in good time
mewn dim o dro	in next to no time
mewn fawr o dro	in next to no time
mewn pryd	in time
nawr *(SW)*	now
neithiwr	last night
nes ymlaen	later on
nos yfory	tomorrow night
o bryd i bryd	from time to time
o bryd i'w gilydd	from time to time
o dro i dro	from time to time
o fore gwyn tan nos	from dawn to dusk
o hyn allan	from now on
o hyn ymlaen	from now on
o'r blaen	before, previously
o'r diwedd	at last
pyr 'ny *(SW) (sl)*	that time, then
rŵan *(NW)*	now
ryw ben	sometime
ryw dro	sometime
rywbryd	sometime
sawl gwaith	several times
sawl tro	several times
tan hynny	until then
tan yn ddiweddar	until recently
toc	presently
un ar y tro	one at a time
un tro	one time
unrhyw bryd	anytime
unwaith	once
(ddwywaith	twice
deirgwaith	three times
bedair gwaith	four times)
unwaith eto	once again
unwaith yn rhagor	once more
wedyn	afterwards
weithiau	sometimes
y funud hon/'ma	this minute, immediately

(y) llynedd	last year
y tro diwethaf	the last time
y tro nesaf	the next time
y tro yma	this time
yfory	tomorrow
ymhen dim	in next to no time
ymhen wythnos	in a week's time
yn achlysurol	occasionally
yn aml	frequently
yn anaml	infrequently
yn araf deg	gradually, slowly
yn awr	now
yn awr ac yn y man	now and then
yn awr ac eilwaith	now and then
yn barod	already, ready
yn brydlon	punctually
yn ddi-baid	constantly, without stop
yn ddisymwth	suddenly
yn ddiweddar	lately, recently
yn ddyddiol	daily
yn fore	early
yn fuan	soon
yn feunyddiol	daily
yn fisol	monthly
yn flynyddol	annually
yn fynych	frequently
yn gynnar	early
yn gynharach	earlier
yn hwyr	late
yn hwyrach	later
yn ôl	ago
yn olaf	lastly (in a series)
yn raddol	gradually
yn rheolaidd	regularly
yn sydyn	suddenly
yn syth	directly
yn syth bin	straight away
yn wastad	always
yn wythnosol	weekly

yn y cyfamser	in the meantime
yn y fan	immediately
yn y man	presently
yn ystod y dydd	during the day
yn ysbeidiol	intermittently, occasionally
yna	then
yr adeg honno	that time, then

Adverbs of time are affected by the soft mutation, except in a few set phrases, as shown above, eg, **mae e'n gweithio bob dydd**, 'he works every day'. However, in other situations these words and phrases follow the normal rules of mutation, eg, **esgidiau pob dydd**, 'everyday shoes'.

xii Places and nationalities

85. Place- and feature-names (Wales)

Aberdâr	Aberdare
Aberdaugleddau	Milford Haven
Abergwaun	Fishguard
Aberhonddu	Brecon
Abermaw	Barmouth
Abertawe	Swansea
Aberteifi	Cardigan
Bae Ceredigion	Cardigan Bay
Bannau Brycheiniog	Brecon Beacons
Bro Morgannwg	Vale of Glamorgan
Bro Gŵyr	Gower peninsula
Caerdydd	Cardiff
Caergybi	Holyhead
Caerfyrddin	Carmarthen
Canolbarth Cymru	Mid Wales
Cas-gwent	Chepstow
Casnewydd	Newport (Gwent)
Castell-nedd	Neath
Clawdd Offa	Offa's Dyke
Cwm Rhondda	Rhondda valley
Cwm Tawe	Swansea valley
De Cymru	South Wales
Dinbych	Denbigh
Dinbych-y-pysgod	Tenby
Dyfrdwy	Dee (river)
Dyffryn Clwyd	Vale of Clwyd
Eryri	Snowdonia
Glannau Dyfrdwy	Deeside
Gogledd Cymru	North Wales
Gorllewin Cymru	West Wales
Gwy	Wye (river)
Hafren	Severn (river)
Hwlffordd	Haverfordwest
Llanbedr Pont Steffan	Larnpeter
Llanfair-ym-Muallt	Builth Wells
Llanymddyfri	Llandovery

Llambed *(sl)*	Lampeter
Merthyr Tudful	Merthyr Tydfil
Pen Llŷn	Llŷn peninsula
Pen-y-bont ar Ogwr	Bridgend
Penfro	Pembroke
Pumlumon	Plynlimon
Taf	Taff (river)
Trefdraeth	Newport (Dyfed)
Trefynwy	Monmouth
Tyddewi	St. David's
Wrecsam	Wrexham
Wysg	Usk (river)
Y Bala	Bala
Y Barri	Barry
Y Bermo *(sl)*	Barmouth
Y Cymoedd (glo)	South Wales valleys
Y De	South Wales
Y Drenewydd	Newtown
Y Fenai	Menai Straits
Y Fenni	Abergavenny
Y Gogledd	North Wales
Y Gorllewin	West Wales
Y Rhyl	Rhyl
Y Trallwng	Welshpool
Ynys Môn	Anglesey
Ynys Enlli	Bardsey Island
Ynys Bŷr	Caldey Island
Yr Wyddfa	Snowdon
Yr Wyddgrug	Mold

86. Welsh place- and feature-names (outside Wales)

Afallon	Avalon
Affrica	Africa
America	America
Amwythig	Shrewsbury
Bryste	Bristol
Caer	Chester
Caer Efrog	York

Caeredin	Edinburgh
Caerfaddon	Bath
Caer-gaint	Canterbury
Caer-grawnt	Cambridge
Caerhirfryn	Lancaster
Caerliwelydd	Carlisle
Caerloyw	Gloucester
Caerlŷr	Leicester
Caerwrangon	Worcester
Caer-wysg	Exeter
Cefnfor Iwerydd	Atlantic Ocean
Croesoswallt	Oswestry
Donaw	Danube (river)
Dulyn	Dublin
Efrog Newydd	New York
Ewrop	Europe
Gwledydd Prydain	British Isles
Henffordd	Hereford
Lerpwl	Liverpool
Llundain	London
Llychlyn	Scandinavia
Llydaw	Brittany
Manceinion	Manchester
Môr Hafren	Bristol Channel
Môr y Gogledd	North Sea
Prydain	Britain
Rhufain	Rome
Rhydychen	Oxford
San Steffan	Westminster
Tafwys	Thames (river)
Y Cefnfor Tawel	Pacific Ocean
Y Môr Canoldir	Mediterranean Sea
Y Môr Caribî	Caribean Sea
Y Sianel	English Channel
Ynys Manaw	Isle of Man
Ynys Wyth	Isle of Wight
Yr Alpau	the Alps

87. Welsh Counties

(pre 1974)

Sir Aberteifi	Cardiganshire
Sir Benfro	Pembrokeshire
Sir Drefaldwyn	Montgomeryshire
Sir Ddinbych	Denbighshire
Sir Faesyfed	Radnorshire
Sir Feirionnydd	Meirionethshire
Sir Fôn	Angelsey
Sir Forgannwg	Glamorganshire
Sir Frycheiniog	Brecknockshire
Sir Fynwy	Monmouthshire
Sir Gâr _(sl)_	Carmarthenshire
Sir Gaerfyrddin	Carmarthenshire
Sir Gaernarfon	Caernarfonshire
Sir y Fflint	Flintshire

(post 1974)

Clwyd	Clwyd
De Morgannwg	South Glamorgan
Dyfed	Dyfed
Gorllewin Morgannwg	West Glamorgan
Gwent	Gwent
Gwynedd	Gwynedd
Morgannwg Ganol	Mid Glamorgan
Powys	Powys

88. Welsh county names (outside Wales)

Caint	Kent
Cernyw	Cornwall
Dyfnaint	Devon
Glannau Mersi	Merseyside
Gwlad-yr-haf	Somerset
Sir/Swydd Amwythig	Shropshire
Sir/Swydd Henffordd	Herefordshire
Swydd Efrog	Yorkshire
Swydd Gaer	Cheshire
Swydd Gaerhirfryn	Lancashire
Swydd Gaerloyw	Gloucestershire

Swydd Gaerlŷr	Leicestershire
Swydd Gaerwrangon	Worcestershire
(Swydd Warwick etc.	Warwickshire etc.)
Ystrad Clud	Stathclyde

89. Countries

Ariannin	Argentina
Awstralia	Australia
Awstria	Austria
Cymru	Wales
China	China
De Affrica	South Africa
Ffrainc	France
Gwlad Belg	Belgium
Gwlad Groeg	Greece
Gwlad Pwyl	Poland
Gwlad yr Iâ	Iceland
Gwledydd Prydain	British Isles
Iwerddon	Ireland
Japan	Japan
Lloegr	England
Norwy	Norway
Portiwgal	Portugal
Rwsia	Russia
Sbaen	Spain
Seland Newydd	New Zealand
Twrci	Turkey
Unol Daleithiau America	United States of America
Y Deyrnas Unedig	United Kingdom
Y Ffindir	Finland
Y Swistir	Switzerland
Yr Alban	Scotland
Yr Almaen	Germany
Yr Eidal	Italy
Yr Iseldiroedd	the Netherlands

90. Inhabitants

Albanes *(f)*	Scots woman
Albanwr *(m)* Albanwyr	Scot

Almaenes *(f)*	German woman
Almaenwr *(m)* Almaenwyr	German
Americanes *(f)*	American woman
Americanwr *(m)* Americanwyr	American
Cymraes *(f)*	Welsh woman
Cymro *(m)* Cymry	Welshman
(di-Gymraeg	non-Welsh speaking)
Chinead *(f/m)* Chineaid	Chinese
Eidales *(f)*	Italian woman
Eidalwr *(m)* Eidalwyr	Italian
Ffrances *(f)*	French woman
Ffrancwr *(m)* Ffrancwyr	Frenchman
Ffrancod *(pl)*	
Gog *(f/m)* -s *(sl)*	North Walian
Gogleddwr *(m)* Gogleddwyr	North Walian
Groeges *(f)*	Greek woman
Groegwr *(m)* Groegiaid, Groegwyr	Greek
Gwyddel *(m)* -od, Gwyddyl	Irishman
Gwyddeles *(f)*	Irish woman
Hwntw *(f/m)* -s *(sl)*	South Walian
Japan *(f/m)* Japaneaid	Japanese
Llydawes *(f)*	Breton
Llydawr *(m)* Llydawyr	Breton
Prydeinwr *(m)* Prydeinwyr	Briton
Saesnes *(f)*	Englishwoman
Sais *(m)* Saeson	Englishman
Sbaenes *(f)*	Spanish woman
Sbaenwr *(m)* Sbaenwyr	Spaniard

The collective noun is the masculine plural, eg, **Saeson**, 'English people'. For less commonly used nationalities, **pobl** is employed, eg, **pobl Gwlad yr Iâ**, 'Icelandic people'.

91. Languages

Almaeneg	German
Cernyweg	Cornish
Cymraeg	Welsh
Chineaeg	Chinese
Dyfedeg	Dyfed dialect (West Wales)

Eidaleg	Italian
Ffrangeg	French
Gaeleg (yr Alban)	(Scots) Gaelic
Groeg	Greek
Gwenhwyseg	Gwent dialect (South Wales)
Gwyddeleg	Irish
Hebraeg	Hebrew
Iseldireg	Dutch
Japanaeg	Japanese
Lladin	Latin
Llydaweg	Breton
Manaweg	Manx
Norwyeg	Norwegian
Portiwgaeg	Portugese
Powyseg	Powys dialect (mid Wales)
Pwyleg	Polish
Rwsieg	Russian
Saesneg	English
Sbaeneg	Spanish

Languages are feminine after the definite article, eg, **Y Gymraeg**, 'the Welsh language'. Note the following form: **mewn Cymraeg da**, 'in good Welsh'.

92. **Adjectives of nationality**

Albanaidd	Scottish
Almaenaidd/Almeinig	German
Americanaidd	American
Cymreig	Welsh
Chineaidd	Chinese
Eidalaidd	Italian
Ffrengig	French
Groegaidd	Greek
Gwyddelig	Irish
Japaneaidd	Japanese
Seisnig	English

The name of the country is frequently used adjectivally, eg, **bwyd Cymru**, 'Welsh food', **bwyd y Ffindir**, 'Finnish food'.

xiii The natural world

93. The universe

awyrgylch *(m)* -oedd	atmosphere
byd *(m)* -oedd	world
(y byd sydd ohoni	the world in which we live)
bydysawd *(m)*	universe
Caer Gwydion	The Milky Way
codiad haul *(m)*	sunrise
daear *(f)* -oedd	earth
diffyg *(m)* -ion	eclipse
disglair	bright, brilliant
disgleirdeb *(m)*	lustre, brilliance
disgleirio	to shine
gofod *(m)*	space
gofodwr *(m)* gofodwyr	astronaut
gwawr *(f)*	dawn, day-break
gwawrio	to dawn
Gwener *(m)*	Venus
haul *(m)* heuliau	sun
Iau *(m)*	Jupiter
llachar	bright
llewyrchu	to shine
lleuad *(f)* -au	moon
lloer *(f)* -au	moon
lloeren *(f)* -ni, -nau	satellite
llong ofod *(f)* llongau gofod	space ship
machlud	to set, *(m)* sunset
Mawrth *(m)*	Mars
Mercher *(m)*	Mercury
noson olau leuad *(f)*	moonlit night
pelydr *(m)* -au	ray, beam
pelydru	to radiate
planed *(f)* -au	planet
Sadwrn *(m)*	Saturn
seren *(f)* sêr	star
seren wib	shooting star
seryddiaeth *(f)*	astronomy
toriad dydd *(m)*	daybreak

tywyll	dark
tywyllu	to darken
tywyllwch *(m)*	darkness
tywynnu *(SW)*	to shine
Y Llwybr Llaethog	The Milky Way

94. The weather

ansefydlog	unsettled
arllwys y glaw	to pour with rain
awel *(f)* -on	breeze
awyr *(f)*	air, sky
awyr las	blue sky
awyr iach	fresh air
baromedr *(m)*	barometer
barrug *(m)* *(NW)*	frost
braf	bright, fine
(mae'n braf	it's fine)
bwa'r arch *(m)* *(SW)*	rainbow
bwa'r drindod *(m)* *(SW)*	rainbow
bwrw cesair *(SW)*	to hail
bwrw cenllysg *(NW)*	to hail
bwrw cyllyll a ffyrc	to rain cats and dogs
bwrw eira	to snow
bwrw eirlaw	to sleet
bwrw glaw	to rain
(mae'n bwrw	it's raining)
bwrw glaw mân	to drizzle
bwrw hen wragedd a ffyn	to rain cats and dogs
bygwth glaw	to threaten rain
cawod *(f)* -ydd	shower
cawodlyd	showery
cesair *(m)* *(SW)*	hail
cenllysg *(m)* *(NW)*	hail
clir	clear
clirio	to clear
corwynt *(m)* -oedd	whirlwind, hurricane
cwmwl *(m)* cymylau	cloud
cyfnewidiol	changeable
cymylog	cloudy

cynhesu *(NW)*	to warm
cynnes *(NW)*	warm
cysgod *(m)* -ion	shadow, shade
chwa o awyr iach	a breath of fresh air
chwythu	to blow
dadlaith *(SW)*	to thaw
dadmer *(NW)*	to thaw
darogan	to predict
drycin *(f)* -oedd	foul weather
eira *(m)*	snow
eira mawr	heavy snowfall
eirlaw *(m)*	sleet
enfys *(f)* -au	rainbow
ffres	fresh
ffrynt *(f/m)* -iau	front
garw	rough
glaw *(m)* -ogydd	rain
glaw mân	drizzle
glawio	to rain
glawog	rainy
gradd *(f)* -au	degree
gwasgedd isel/uchel *(m)*	low/high pressure
gwlith *(m)*	dew
gwlithog	dewy
gwlyb	wet
gwlyb diferu	dripping wet
gwlychu	to wet, to get wet
gwynt *(m)* -oedd	wind
gwyntog	windy
heulog	sunny
heulwen *(f)*	sunshine
hindda *(f)*	fine weather
hinsawdd *(f/m)* hinsoddau	climate
iâ *(m)*	ice
(clychau iâ	icicles)
llaith	damp
lleithder *(m)*	dampness
llucheden *(f)* lluched *(SW)*	lightning
lluchedu *(SW)*	to flash lightning

llugoer	lukewarm
lluwch *(m)* lluwchfeydd	snow-drift
llwydrew *(m) (SW)*	frost
meirioli *(NW)*	to thaw
mellten *(f)* mellt *(NW)*	lightning
mellt a tharanau	thunder and lightning
melltennu/melltio *(NW)*	to flash lightning
mwll	close, sultry
mwyn	mild
niwl *(m)* -oedd	fog, mist
niwlog	misty
oer	cold
oerfel *(m)*	cold
oeri	to become cold
oerni *(m)*	cold
pigo bwrw	to start to rain
(pi)styllio'r glaw	to pour with rain
pluen eira *(f)* plu eira	snowflake
poeth	hot
proffwydo'r tywydd	to forecast the weather
rhagolygon y tywydd *(pl)*	weather forecast
rhew *(m)*	ice
rhewi	to freeze
rhewllyd	frosty
sefydlog	settled
stido bwrw *(NW)*	to rain heavily
storm *(f)* -ydd	storm
stormus	stormy
sych	dry
sychu	to dry
tamp	damp
tamprwydd *(m)*	dampness
taran *(f)* -au	thunder
taranu	to thunder
tawelu	to abate, to calm
toddi	to thaw, to melt
tresio bwrw	to rain heavily
twym *(SW)*	warm
twymo *(SW)*	to warm

tymheredd *(m)*	temperature
tymhestlog	tempestuous, stormy
tywallt y glaw	to pour with rain
tywydd *(m)*	weather
thermomedr *(m)*	thermometer
wybren *(f)* -nau	sky
ysbaid *(f/m)* ysbeidiau	spell (of time)
ysbeidiau heulog *(pl)*	sunny spells

95. The natural world (land)

afon *(f)* -ydd	river
afonig *(f)*	rivulet, steamlet
anialwch *(m)*	desert, wilderness
bryn *(m)* -iau	hill
bryncyn *(m)* -nau	hillock, small hill
bryniog	hilly
cadwyn o fynyddoedd *(m)* cadwynau/cadwyni o fynyddoedd *(pl)*	chain of mountains, sierra
ceunant *(m)* ceunentydd	ravine, gorge
clogwyn *(m)* -i	cliff
coedwig *(f)* -oedd	forest
coedwigaeth *(f)*	forestry
copa *(f/m)* -on	mountain peak
cwm *(m)* cymoedd	(mountain) valley
daeargryn *(f/m)* -fâu	earthquake
diffeithwch *(m)*	desert, wilderness
dôl *(f)* dolau, dolydd	meadow
dŵr croyw *(m)*	fresh water
dŵr ffynnon *(m)*	spring water
dyffryn *(m)* -noedd	valley
fforest *(f)* -ydd	forest
ffrwd *(f)* ffrydiau	stream
ffynnon *(f)* ffynhonnau	spring, well
gallt *(f)* gelltydd	hill *(NW)* wooded slope *(SW)*
(i fyny'r allt *(NW)*	up hill)
golygfa *(f)* golygfeydd	scenery, view

gwastad	level, flat
gwastadedd *(m)* -au	plain
gwaun *(f)* gweunydd	meadow, moor
gwlad *(f)*	countryside
(yn y wlad	in the country)
llechwedd *(f)* -au	slope, hillside
llethr *(f)* -au	slope
llyn *(m)* -noedd	lake
llosgfynydd *(m)* -oedd	volcano
llwyfandir *(m)* -oedd	plateau
mynydd *(m)* -au, -oedd	mountain
mynyddig	mountainous
nant *(f)* nentydd	stream
natur *(f)*	nature
naturiol	natural
ogof *(f)* -âu, -eydd	cave
paith *(m)* peithiau	prairie
pant *(m)* -iau	hollow
pistyll *(m)* -oedd	waterfall
pwll *(m)* pyllau	pool, pond
rhaeadr *(f)* -au	waterfall
rhiw *(f)* -iau	hill
rhos *(f)* -ydd	moor
serth	steep
tyle *(m)* *(SW)*	slope, hill
(lan y tyle *(SW)*	up hill)
ystrad *(m)* -au	vale, valley bottom

96. The natural world (sea)

aber *(m)* -oedd	estuary, river mouth
achub	to save
arfordir *(m)* -oedd	coast
bae *(m)* -au	bay
bas	shallow
boddi	to drown
braich (o dir) *(f)*	promontary of land
brig y don *(m)*	crest of the wave
cefnfor *(m)* -oedd	ocean, high seas

culfor *(m)* -oedd	strait
dryllio	to wreck
dwfn	deep
dŵr *(m)* dyfroedd	water
dŵr hallt	salt water
ewyn *(m)*	foam, surf
gerwin	rough
gerwindeb *(m)*	roughness
glan *(f)* -nau, glennydd	bank, shore
glan y môr	seaside
gorlifo	to flood
gorynys *(f)* -oedd	peninsula
gwaelod y môr *(m)*	sea bed
gwlff *(m)*	gulf
gwymon *(m)*	seaweed
hallt	salt, salty
llanw *(m)*	tide
llanw a thrai	ebb and flow
llif *(m)*	stream, current
llif *(m)* -ogydd	flood
llifo	to flood
llongddrylliad *(m)* -au	shipwreck
llonydd	quiet, still
môr *(m)* moroedd	sea
penllanw *(m)*	high tide
penrhyn *(m)* -nau	cape, foreland
suddo	to sink
ton *(f)* -nau	wave, breaker
tonnau ewynnog *(pl)*	foamy waves, white horses
traeth *(m)* -au	beach
traethell *(f)* -au	small beach, shore
trai *(m)*	ebb
trobwll *(m)* trobyllau	whirlpool
twyn *(m)* -i	sand dune
tywod *(m)*	sand
tywodlyd	sandy
ynys *(f)* -oedd	island

97. Animal kingdom (general)

adain *(f)* adenydd	wing
aderyn *(m)* adar	bird
anifail *(m)* anifeiliaid	animal
anifail anwes	pet
asgell *(f)* esgyll	wing, fin
blew *(pl)*	fur
blewog	furry
brathu *(NW)*	to bite
brefu	to bleat (sheep)
bwystfil *(m)* -od	beast
buches *(f)* -au	herd
canu crwth *(SW)*	to purr
canu grwndi	to purr
carlamu	to gallop
carn *(m)* -au	hoof
clwydo	to roost
cnoi *(SW)*	to bite
crafanc *(f)* crafangau	claw, talon
crafu *(SW)*	to scratch
cragen *(f)* cregyn	shell
crawcian	to croak, to caw
cripio *(NW)*	scratch
cwt *(m)* cytiau *(SW)*	tail
cyfarth	to bark
cynffon *(f)* -nau	tail
cyw *(m)* -ion	chick, young bird
da pluog *(pl)*	poultry
deor	to brood, to hatch
diadell *(f)* -au, -oedd	flock
dodwy	to lay (an egg)
dof	tame, domesticated
dofednod *(pl)*	fowl, poultry
dofi	to domesticate, to tame
ffau *(f)* ffeuau	den
gwâl *(f)* gwalau	lair, set
gwe *(f)* -oedd	web
gweryru	to neigh
gwichian	to squeal, to squeak

gwyllt	wild
gyr *(m)* -roedd	drove, herd
haid *(f)* heidiau	flock
haig *(f)* heigiau	shoal
heidio	to flock
magl *(f)* -au	snare, trap
maglu	to snare, to trap
mewian	to mew
milfeddyg *(m)* -on	veterinary surgeon
mwytho	to pet, to stroke
nadu	to howl
nyth *(f)* -od	nest
nytha	to go nesting
nythu	to nest
pawen *(f)* -nau	paw
pedol *(f)* -au	horseshoe
pig *(f)* -au	beak
pigiad *(m)* -au	sting
pigo	to sting
pla *(m)* plâu	plague, pestilence
pluen *(f)* plu	feather
pori	to graze
praidd *(m)* preiddiau	flock
pryf *(m)* -ed	insect
pysgodyn *(m)* pysgod	fish
rhochian	to grunt
rhuo	to roar
rhywogaeth *(f)* -au	species
trychfil *(m)* -od	insect
udo	to howl
ysgwyd	to wag

98. Animals (domestic)

asen *(f)* -nod	she-ass
asyn *(m)* -nod	ass
blewyn bach *(m) (dom)*	young animal
buwch *(f)* buchod	cow
caseg *(f)* cesig	mare
cath *(f)* -od	cat

cath fach	kitten
ceffyl *(m)* -au	horse
ceffyl gwedd	shire horse
ceffyl rasio	race horse
ci *(m)* cŵn	dog
ci bach	puppy
ci defaid	sheepdog
corgi *(m)* corgwn	corgi
cwrcath *(m)* -od	tom-cat
cyw *(m)* -ion *(dom)*	young animal
da *(pl)* *(SW)*	cattle
dafad *(m)* defaid	sheep
ebol *(m)* -ion	foal
gafr *(f)* geifr	goat
gast *(f)* geist	bitch
gwartheg *(pl)* *(NW)*	cattle
hwch *(f)* hychod	sow
hwrdd *(m)* hyrddod *(SW)*	ram
llo *(m/f)* -i, lloeau	calf
maharen *(m)* meheryn *(NW)*	ram
march *(m)* meirch *(SW)*	stallion
merlyn *(m)* merlod	pony
mochyn *(m)* moch	pig
mul *(m)* -od	mule
myn *(m)* -nod	kid (young goat)
oen *(m)* ŵyn	lamb, young animal
oen llywaeth/swci	pet lamb
porchell *(m)* perchyll	piglet
tarw *(m)* teirw	bull
ych *(m)* -en	ox
(y)stalwyn *(m)* -i *(NW)*	stallion

99. Animals (wild)

arth *(m)* eirth	bear
blaidd *(m)* bleiddiaid	wolf
broga *(m)* -od *(SW)*	frog
cadno *(m)* cadnoid *(SW)*	fox
carw *(m)* ceirw	deer

cenau *(m)* cenawon	cub
crwban *(m)* -od	tortoise
cwningen *(f)* cwningod	rabbit
draenog *(m)* -od	hedgehog
dyfrgi *(m)* dyfrgwn	otter
eliffant *(m)* -od	elephant
ewig *(f)* -od	doe
ffwlbart *(m)* -iaid	polecat
genau-goeg *(m)* -ion *(NW)*	lizard
gwadd *(f)* -od *(SW)*	mole
gwenci *(f)* gwencïod	weasel
gwiber *(f)* -od	adder
gwiwer *(f)* -od	squirrel
gwiwer goch	red squirrel
gwiwer lwyd	grey squirrel
hydd *(m)* -od	stag
llew *(m)* -od	lion
llewes *(f)*	lioness
llewpart *(m)* llewpartiaid	leopard
llwynog *(m)* -od *(NW)*	fox
llyffant *(m)* -od *(NW)*	frog
llygoden *(f)* llygod	mouse
llygoden fawr/ffrengig	rat
madfall *(m)* -od *(SW)*	lizard
mochyn daear *(m)* moch daear	badger
mwnci *(m)* mwncïod	monkey
neidr *(f)* nadroedd	snake
neidr ddefaid	slow worm
pathew *(m)* -od	doormouse
penbwl *(m)* penbyliaid	tadpole
teigr *(m)* -od	tiger
twrch *(m)* tyrchod	boar
twrch daear *(NW)*	mole
ysgyfarnog/sgwarnog *(m)* -od	hare
ystlum *(m)* -od	bat

100. Birds

aderyn du *(m)* adar duon	blackbird
aderyn y to *(m)* adar y to	house sparrow
alarch *(m)* elyrch	swan
barcud *(m)* barcutiaid	kite
boncath *(m)* -od	buzzard
boda *(f/m)* -od	buzzard
brân *(m)* brain	crow
bronfraith *(f)* bronfreithiaid	thrush
caneri *(m)* -s	canary
ceiliog *(m)* -od	cock
cigfran *(f)* cigfrain	raven
cog *(f)* -au	cuckoo
colomen *(f)* -nod	dove, pidgeon
crëyr glas *(m)* crehyrod glas	heron
cudyll coch *(m)* cudyllod coch	kestrel
cwcw *(f)* -s	cuckoo
chwyaden *(f)* chwyaid, chwyd *(NW)*	duck
drudwen *(f)* drudwy	starling
dryw *(f/m)* -od	wren
ehedydd *(m)* -ion	lark
eos *(f)* -au	nightingale
eryr *(m)* -od	eagle
eryr aur	golden eagle
eryr y môr	osprey
ffesant *(f/m)* -od, -s	pheasant
glas y dorlan *(m)* gleision y dorlan	kingfisher
grugiar *(m)* grugieir	grouse
gwalch *(m)* gweilch	hawk, falcon
gwalch y grug	merlin
gwdihŵ *(m)* -s *(SW)*	owl
gwennol *(f)* gwenoliaid	swallow
gwennol y bondo	house martin
gŵydd *(f)* gwyddau	goose
gwylan *(f)* -od	seagull
hebog *(m)* -au	hawk
hebog tramor	peregrine falcon
hwyaden *(f)* hwyaid	duck
iâr *(f)* ieir	hen

mwyalchen *(f)* mwyeilch	blackbird
pâl *(m)* palod	puffin
paun *(m)* peunod	peacock
pioden *(f)* pïod	magpie
robin goch *(f)* robinod coch	robin
titw tomos las *(m)* titwod tomos las	blue tit
twrci *(m)* twrcïod	turkey
tylluan *(f)* -od *(NW)*	owl

101. Insects

buwch goch gota *(f)*	ladybird
buchod coch gota *(pl)*	
cacynen *(f)* cacwn	wasp
ceiliog y rhedyn *(m)*	grasshopper
ceiliogod y rhedyn *(pl)*	
cleren *(f)* clêr	fly
cleren las	bluebottle
corryn *(m)* corynnod *(SW)*	spider
cynrhonyn *(m)* cynrhon	maggot
chwannen *(f)* chwain	flee
chwilen *(f)* chwilod	beetle
chwilen ddu	cockroach
chwilen glust	earwig
gelen (f) gelod	leech
glöyn byw *(m)*	butterfly
glöynnod byw *(pl)* *(NW)*	
gwas y neidr *(m)*	dragonfly
gweision y neidr *(pl)*	
gwenynen *(f)* gwenyn	bee
gwenynen farch *(NW)*	wasp
gwlithen *(f)* gwlithod	slug
gwrachen ludw *(f)*	woodlouse
gwrachod lludw *(pl)*	
gwybedyn *(m)* gwybed	gnat
gwyfyn *(m)* -od	moth
iâr fach yr haf *(f)* *(SW)*	butterfly
ieir bach yr haf *(pl)*	
jac-y-baglau *(m)*	daddy-long-legs

jac-y-jwmper *(m) (SW)*	grasshopper
lindysyn *(m)* lindys	caterpillar
lleuen *(f)* llau	louse
llyngyren (b) llyngyr	tapeworm
llysleuen *(f)* llyslau	aphid
malwen *(f)* malwod *(NW)*	snail
malwoden *(f)* malwod *(SW)*	snail
morgrugyn *(m)* morgrug	ant
mwydyn *(m)* mwydod *(SW)*	earthworm
picwnen *(f)* picwns *(SW)*	wasp
pilipala *(m)* pilipalod	butterfly
pryf cop(yn) *(m)*	spider
pryfed copyn *(pl) (NW)*	
pryf genwair *(m)*	earthworm
pryfed genwair *(pl) (NW)*	
trogen *(f)* trogod	tick

102. Fish and sea creatures

brithyll *(m)* -od	trout
cegddu *(m)* -on	hake
cimwch *(m)* cimychiaid	lobster
cocosen *(f)* cocos	cockle
corgimwch *(m)* corgimychiaid	prawn
cranc *(m)* -od	crab
cregyn gleision *(pl)*	mussels
dolffin *(m)* -iaid	dolphin
eog *(m)* -iaid	salmon
gwyniad *(m)* gwyniaid	whiting
gwyran *(f/m)* gwyrain	barnacle
llamhidydd *(m)* llamidyddion	porpoise
lleden *(f)* lledod	plaice
lleden chwithig	sole
lleden y môr	halibut
llysywen *(f)* llysywod	eel
macrell *(f/m)* mecryll	mackerel
morfil *(m)* -od	whale
morlo *(m)* -i	seal
penci *(m)* pencwn	dog fish

penfras *(m)* -au	cod
penhwyad *(m)* penhwyaid	pike
pennog *(m)* penwaig *(NW)*	herring
siwin *(m)*	sea trout
siarc *(m)* -od	shark
slefren fôr *(f)* slefrod môr	jellyfish
(y)sgadenyn *(m)* (y)sgadan *(SW)*	herring

103. Garden (general)

aroglau *(m)* arogleuon	scent
blaguryn *(m)* blagur	bud, shoot
blaguro	to bud
blewyn glas *(m)*	blade of grass
blodeuo	to flower
blod(eu)yn *(m)* blodau	flower
boncyff *(m)* -ion	stump, trunk
brigyn *(m)* brigau	twig
byth(ol)wyrdd	evergreen
cangen *(f)* canghennau	branch
clwyd *(f)* -au, -i	gate
coed *(pl)* -ydd	wood
coeden *(f)* coed	tree
collddail	deciduous
crino	to wither
cwt *(m)* cytiau	hut, shed
chwynnyn *(m)* chwyn	weed
chwynnu	to weed
deilen *(f)* dail	leaf
draenen *(f)* drain	thorn
deilbridd *(m)*	compost
egino	to bud, to sprout
eginyn *(m)* egin	germ, sprout
gardd *(f)* gerddi	garden
garddio	to garden
garddwr *(m)* garddwyr	gardener
gât *(m)* gatiau	gate
glaswellt *(pl)*	grass
glaswelltyn *(m)*	blade of grass

gwreiddyn *(m)* gwreiddiau	root
gwywo	to wither
iet *(f)* -au, -iau *(SW)*	gate
lawnt *(f)* -iau	lawn
llain o dir *(f)* lleiniau o dir	strip of land
llidiart *(f/m)* llidiardau *(NW)*	gate
llwyn *(m)* -i	bush, grove
llystyfiant *(m)* llystyfiannau	vegetation
planhigyn *(m)* planhigion	plant
plannu	to plant
pren *(m)* -nau	tree, wood
pydru	to rot
pydredig	rotten
sièd *(f)* -iau	shed
tocio	to prune
torri'r gwair/glaswellt	to cut the grass
trin	to cultivate
tŷ gwydr *(m)* tai gwydr	greenhouse

104. Trees

bedwen *(f)* bedw	birch
bedwen arian	silver birch
castanwydden *(f)* castanwydd	chestnut
celynen *(f)* celyn	holly
coeden afalau *(f)* coed afalau	apple-tree
collen *(f)* cyll	hazel
criafolen *(f)* criafol	mountain ash
derwen *(f)* derw, deri	oak
ffawydden *(f)* ffawydd	beech
ffynidwydden *(f)* ffynidwydd	fir tree
gellygen *(f)* gellyg	pear tree
gwernen *(f)* gwern	alder
helygen *(f)* helyg	willow
llwyfen *(f)* llwyf	elm
masarnen *(f)* masarn	maple
onnen *(f)* onn, ynn	ash
palmwydden *(f)* palmwydd	palm
pinwydden *(f)* pinwydd	pine
sycamorwydden *(f)* sycamorwydd	sycamore

ysgawen *(f)* ysgaw — elder
ywen *(f)* yw — yew

105. Flowers and plants

blodyn ymenyn *(m)* blodau ymenyn	buttercup
blodyn yr eira *(m)*	snowdrop
blodau'r eira *(pl)*	
briallen *(f)* briallu	primrose
brwynen *(f)* brwyn	rush
bysedd cochion *(pl)* *(NW)*	foxgloves
bysedd y cŵn *(pl)*	foxgloves
caws llyffant *(m)*	toadstool
cen y cerrig/coed *(pl)*	lichen
cenhinen *(f)* cennin	leek
cenhinen Bedr *(f)* cennin Pedr	daffodil
clychau'r gog *(pl)*	bluebells
daffodil *(m)* -s	daffodil
dail/danadl poethion *(pl)*	stinging nettles
dant y llew *(m)* danedd y llew	dandelion
eiddew *(pl)* *(NW)*	ivy
eirlys *(f)* -iau	snowdrop
eithinen *(f)* eithin	gorse
erfin gwyllt *(pl)*	rape
grug *(m)*	heather
iorwg *(m)* *(SW)*	ivy
lili *(f)* lilïau	lilly
llusen *(f)* llus	whinberry, bilberry
llygad y dydd *(m)*	daisy
llygaid y dydd *(pl)*	
meillionen *(f)* meillion	clover
miaren *(f)* mieri	bramble
mwsogl *(m)*	moss
persli *(m)*	parsley
plu'r gweunydd *(pl)*	cotton grass
rhedynen *(f)* rhedyn	fern
rhosyn *(m)* -nau	rose
ysgallen *(f)* ysgall	thistle

106. Agriculture

acer *(f)* -i *(NW)*	acre
amaethu	to farm
amaethwr *(m)* amaethwyr	farmer
amaethyddiaeth *(f)*	agriculture
amaethyddol	agricultural
aradr *(m)* erydr	plough
arallgyfeirio *(m)*	to diversify, diversification
aredig	to plough
barlys *(m)* *(SW)*	barley
beudy *(m)* beudai	cowshed
(carthu beudy	to muck out a cowshed)
beudai *(pl)* *(NW)*	farm outbuildings
blawd ceirch *(m)*	oat feed
brid *(m)* bridiau	breed
bridio	to breed
buarth *(m)* -au *(NW)*	farm yard
bugail *(m)* bugeiliaid	shepherd
bugeilio	to shepherd
bwthyn *(m)* bythynnod	cottage
bwydo	to feed
byrnau *(pl)*	bales
byrnio	to bale
cae *(m)* -au	field
cart *(m)* ceirt	cart
ceirch *(pl)*	oats
clawdd *(m)* cloddiau	hedge *(SW)*, embankment
clos *(m)* -ydd *(SW)*	farm yard
cneifio	to shear (sheep)
cnwd *(m)* cnydau	crop
corlan *(f)* -nau *(NW)*	sheepfold
cryman *(m)* -au	sickle
cwota *(m)* cwotâu	quota
cwt ieir *(m)* cytiau ieir	henhouse
cwt moch *(m)* cytiau moch *(NW)*	pigsty
cwys *(f)* -au, -i	furrow
(torri cwys	to cut a furrow, to plough)
cynaeafu	to harvest
cynhaeaf *(m)* cynaeafau	harvest

chwynladdwr *(m)* chwynladdwyr	weed killer
deorfa *(f)* deorfeydd	hatchery
dyrnu	to thresh
dyrnwr *(m)* dyrnwyr	thresher
dyrnwr medi	combine harvester
erw *(f)* -au *(SW)*	acre
ffens *(f)* -ys	fence
fferm *(f)* -ydd	farm
ffermdy *(m)* ffermdai	farmhouse
ffermio	to farm
ffermio mynydd	upland farming
ffermio organig	organic farming
ffermwr *(m)* ffermwyr	farmer
ffos *(f)* -ydd	ditch, trench
ffwngleiddiad *(m)* -au	fungicide
gambo *(f/m)* *(SW)*	cart
garddwriaeth *(f)*	horticulture
godro	to milk
grawn *(pl)*	grain
gwair *(m)*	hay
(lladd gwair	to cut hay)
gwas ffarm *(m)* gweision ffarm	farm labourer
gwelltyn *(m)* gwellt	straw
gwenith *(m)*	wheat
gwinllan *(f)* -nau, -noedd	vineyard
gwrtaith *(m)* gwrteithiau	fertiliser
gwrteithio	to fertilise
gwrych *(m)* -oedd *(NW)*	hedge
hadu	to seed
haidd *(pl)* *(NW)*	barley
hau	to sow
hedyn *(m)* had, hadau	seed
hufenfa *(f)* hufenfeydd	creamery
llaethdy *(m)* llaethdai	dairy
llaid *(m)*	mud, mire
lloc *(m)* -iau *(SW)*	sheepfold
maes *(f)* meysydd	field
mawn *(pl)*	peat
mawnog	peaty

medi	to reap
mwd *(m)*	mud
mwdlyd	muddy
perllan *(f)* -nau	orchard
perth *(f)* -i *(SW)*	hedge
pladur *(f)* -iau	scythe
plaleiddiad *(m)* -au	pesticide
plas *(m)* -au	country mansion
porfa *(f)* porfeydd	pasture
pridd *(m)*	earth, soil
pysgodfa *(f)* pysgodfeydd	fishery
rhych *(f/m)* -au	furrow
silwair *(m)*	silage
tail *(m) (NW)*	horse dung, manure
tas *(f)* teisi	rick, stack
tas wair	hay-rick, haystack
tai mas *(pl) (SW)*	out buildings
tir *(m)* -oedd	land
(ar y tir	on the land)
tir âr	arable land
tir comin	common land
tir ymylol	marginal land
tom/dom *(f) (SW)*	horse dung, manure
tomen *(f)* -nydd	dunghill, heap
tractor *(m)* -au	tractor
trochfa *(f)* trochfeydd	sheep dip
trochi defaid	to dip sheep
trol *(f)* -iau *(NW)*	cart
twlc *(m)* tylciau *(SW)*	pigsty
tyddyn *(m)* -nod	smallholding
weiar bigog *(f)*	barbed wire
ŷd *(m)*	wheat
(y)sgubor *(f)* -iau	barn
(y)stabl *(f)* -au	stable

107. The environment

ailgylchu	to recycle
amgylchedd *(m)*	environment

amgylchfyd *(m)*	environment
argae *(m)* -au	dam
atomfa *(f)* atomfeydd	nuclear power station
bywyd gwyllt *(m)*	wildlife
cadwraeth *(f)*	conservation
cadwraethol *(adj)*	conservation
cadwraethwr *(m)* cadwraethwyr	conservationist
carthffosiaeth *(f)*	sewage
carthion *(pl)*	sewage, excreta
coedwig law drofannol *(f)*	tropical rainforest
coedwigoedd glaw trofannol *(pl)*	
cronfa ddŵr *(f)* cronfeydd dŵr	reservoir
cynhesu byd-eang	global warming
darfod o'r tir	to disappear off the face of the earth
defnyddio	to consume, to use
difa	to destroy
diffeithdir *(m)* -oedd	desert
diffeithio	to desertify
difforestu	to deforest
difforestiad *(m)*	deforestation
ecoleg *(f)*	ecology
ecolegol	ecological
effaith tŷ gwydr	the greenhouse effect
erydiad *(m)* -au	erosion
erydu	to erode
glaw asid *(m)*	acid rain
gorboblogi *(m)*	overpopulation
gorddefnyddio	to overuse, to overconsume
goroesi	to survive
gwaith carthion *(m)*	sewage works
gweithfeydd carthion *(pl)*	
gwarchodfa *(f)* gwarchodfeydd	reserve
gwarchodfa natur	nature reserve
gwastraff *(m)*	waste
gwastraffu	to waste
gwastraffus	wasteful
gwledydd datblygedig *(pl)*	developed countries
gwledydd sy'n datblygu *(pl)*	developing countries

haen *(f)* -au	layer, stratum
haen osôn	ozone layer
hunangynhaliol	self-sufficient
llygredyn *(m)* -nau	pollutant
llygredd *(m)*	pollution
llygru	to pollute
prin	rare, scarce
prinder *(m)*	scarcity
tir diffaith *(m)*	waste land
tiroedd diffaith *(pl)*	
tirlun *(m)* -iau	landscape
y trydydd byd	the third world
ymbelydredd *(m)*	radioactivity
ymbelydrol	radioactive
ynni *(m)*	energy
ynni amgen	alternative energy
ynni gwynt	wind energy

108. Minerals and mining

adnoddau *(pl)*	resources
alcam *(m)*	tin
arian *(m)*	silver
aur *(m)*	gold
calchfaen *(m)*	limestone
carreg *(f)* cerrig	stone
clai *(m)* cleiau	clay
cloddio	to quarry, to mine
copr *(m)*	copper
craig *(f)* creigiau	rock
cwar *(m)* -rau *(SW)*	quarry
chwarel *(f)* -i *(NW)*	quarry
chwarelwr *(m)* chwarelwyr	quarryman
daeareg *(f)*	geology
daearegol	geological
daearegwr *(m)* daearegwyr	geologist
defnydd crai *(pl)*	raw materials
diemwnt *(m)* -au	diamond
dur *(m)*	steel
efydd *(m)*	brass, bronze

ffwrnais *(f)* ffwrneisiau	furnace
glo *(m)*	coal
glo ager	steam coal
glo brig	opencast coal
glo caled/carreg	anthracite coal
glofa *(f)* glofeydd	colliery
glöwr *(m)* glowyr	(coal) miner
gro *(pl)*	gravel, pebbles
(gwen)ithfaen *(m)*	granite
gwydr *(m)* -au	glass
haearn *(m)* heyrn	iron
haearn bwrw	cast iron
haearn gyr	wrought iron
llechen *(f)* llechi	slate
marmor *(m)*	marble
metel *(m)* -au	metal
mwyn *(m)* -au	mineral, ore
nwy *(m)* -on	gas
odyn *(f)* -au	kiln
olew *(m)*	oil
petrol *(m)*	petrol
plwm *(m)*	lead
pres *(m)*	bronze
pwll (glo) *(m)* pyllau (glo)	(coal) pit
rhwd *(m)*	rust
rhydlyd	rusty
rhydu	to rust
sialc *(m)*	chalk
sinc *(m)*	zinc
tanwydd *(pl)*	firewood, fuel
(hel tanwydd	to collect fuel)
tywodfaen *(m)*	sandstone
tun *(m)*	tin

109. Colours

aur	gold
arian	silver
brith *(m)* (f braith)	speckled
brown	brown

coch	red
cochder *(m)*	redness
cochni *(m)*	redness
du	black
duo	to blacken
düwch *(m)*	blackness
euraid/euraidd	golden
glas	blue (green)
glesni *(m)*	blueness, verdure
gwyn (*f* gwen)	white
gwynder *(m)*	whiteness
gwyrdd (*f* gwerdd)	green
gwyrddlas	green, verdant
lliw *(m)* -iau	colour
lliwgar	colourful
llwyd	grey
llwydni *(m)*	greyness
melyn (*f* melen)	yellow
melynder *(m)*	yellowness
oren	orange
pinc	pink
piws *(NW)*	purple
porffor	purple
rhudd	crimson, red

xiv Exclamations and set phrases

110. Exclamations and set phrases (general)

a bod yn onest	to be honest, to tell the truth
a dweud y gwir	in fact, to tell the truth
a dweud y lleiaf	to say the least
am wn i	as far as I know, I suppose
ar y cyfan	on the whole
ardderchog!	excellent! marvellous!
bechod! *(NW)*	shame! pity!
bendigedig!	excellent! marvellous!
beth?	pardon? what?
campus!	excellent! marvellous!
da chi!	I beg of you! I implore you!
daria!	damn!
dim o gwbl	not at all
does dim dal arno	there's no depending on him
(does) dim ots	it doesn't matter
does dim ots gen i	I don't mind
dw i wedi cael llond bol	I've had enough, I'm fed up
druan bach	poor thing
drueni ohono	poor thing
(dy)na bechod *(NW)*	what a shame, that's a pity
(dy)na boen	what a pain, what a nuisance
(dy)na drueni	what a shame, that's a pity
gadewch lonydd iddo	leave him alone
go drapia!	damn it all!
gwaetha'r modd	worst luck, unfortunately
gwych!	great! marvellous!
gyda llaw	by the way
heb os nac oni bai	no ifs or buts
helpwch fi!	help!
hyd y gwn i	as far as I know, I suppose
mae'n dda gen i	I am pleased
mae'n ddrwg (calon) gen i	I'm (very) sorry
mae'n flin 'da fi *(SW)*	I'm sorry
mwy na thebyg	more than likely
o na!	o no!
ofnadwy!	awful!

pam lai?	why not?
peidiwch â phoeni! *(NW)*	don't worry!
peidiwch becso! *(SW)*	don't worry!
rhagorol!	excellent! marvellous!
siŵr o fod	I would imagine, probably
tybed	I wonder, is that so?
wrth fy modd	in my element
ydych chi'n gwybod be sy gen i?	do you know what I mean? do you get my gist?
yn anffodus	unfortunately
yn wir	indeed
ys gwn i	I wonder

111. Greetings, farewells and best wishes

blwyddyn newydd dda	happy new year
bore da	good morning
cofiwch fi at eich rhieni	give my regards to your parents
da boch (chi)	goodbye
dewch i mewn	come in
dw i'n dda iawn	I'm very well
dw i'n falch cwrdd â chi *(SW)*	I'm pleased to meet you
dw i'n falch cyfarfod â chi *(NW)*	I'm pleased to meet you
foneddigion a boneddigesau	ladies and gentlemen
gwela i chi'n nes ymlaen	I'll see you later (on)
gwela i chi yfory	I'll see you tomorrow
hwyl (fawr) (i chi)	goodbye
iechyd (da)!	cheers! good health!
llongyfarchiadau	congratulations
mae'n dda gen i gyfarfod â chi	I'm pleased to meet you
Nadolig Llawen	Merry Christmas
nos da	good night
nos dawch	good night
noswaith dda	good evening
pa hwyl sydd?	how are things?
pen blwydd hapus	happy birthday
pob hwyl (i chi)	goodbye
pob lwc (i chi)	good luck (to you)
prynhawn da	good afternoon
shw(d) mae? *(SW)*	hello, how are you?

shwd ŷch chi 'slawer dydd? *(SW)*	how are you, it's been ages?
sut mae? *(NW)*	hello, how are you?
sut mae'r hwyl?	how's things?
sut wyt ti?	how are you?
sut ydych chi?	how are you?
sut ydych chi erstalwm? *(NW)*	how are you, it's been ages?

112. **Surprise and warnings**

anhygoel!	incredible!
ar fy ngwir!	my word!
argian fawr!	goodness me!
Arglwydd annwyl!	Good Lord!
arhoswch!	wait!
arswyd y byd!	good gracious!
brensiach annwyl!	good grief!
brysiwch!	hurry up!
cymerwch bwyll!	take care!
diolch byth!	thank goodness!
disgwylwch! *(SW)*	look (out)!
does bosib!	surely not!
Duw Duw!	Good God!
mawredd (mawr)!	goodness!
myn uffern (i)!	goodness me! dear me!
nefoedd wen!	heavens above!
nefi blw!	heavens above!
nefi wen!	heavens above!
peidiwch!	don't!
sbiwch! *(NW)*	look (out)!
stopiwch!	stop!
tân!	fire!
tewch â sôn!	get away! you don't say!
yn fy myw!	for the life of me!
yn wir!	really!

113. **Politeness**

(a) gaf i goffi?	may I have coffee?
(cewch!	yes, you may
cewch, tad! *(NW)*	yes, of course!)
croeso	you're welcome

dim diolch	no thank you
diolch	thanks
diolch yn fawr (i chi)	thank you very much
esgusodwch fi	excuse me
fyddech chi gystal â . . .	would you be so good as to . . .
gyda phleser	with pleasure
maddeuwch i mi	forgive me
os gweli di'n dda	please
os gwelwch yn dda	please
pardwn?	sorry?
peidiwch â sôn	don't mention it
popeth yn iawn	that's alright, everything's fine
wnewch chi estyn y coffi i mi?	would you pass me the coffee?

114. Agreements and disagreements

byddwch yn ddistaw!	be quiet!
cae dy ben! *(SW)*	shut up!
cae dy geg!	shut up!
cawn ni weld!	we'll see!
cer i grafu! *(SW)*	get lost!
cer o 'ma!	get away! get out of here!
cewch chi weld!	you'll see!
cywilydd arnoch chi!	shame on you!
chwarae teg!	fair play!
does dim clem gyda fi *(SW)*	I haven't got any idea
does dim syniad gen i	I haven't got any idea
dos i ganu! *(NW)*	get lost!
dros fy nghrogi!	over my dead body!
dw i ddim yn gwybod	I don't know
dyna chi!	there you are! there you have it!
(dy)na fe! *(SW)*	that's it! that's right!
(dy)na fo! *(NW)*	that's it! that's right!
eithaf gwir	quite right
hidiwch befo *(NW)*	never mind
i'r dim	exactly
i'r gwrthwyneb	on the contrary
iawn	alright, okay
lol!	rubbish!
mae'n amlwg	it's obvious

mae'n bosib(l)	it's possible
mae'n amhosib(l)	it's impossible
o'r gorau	alright, okay
peidiwch â malu (awyr)!	don't talk nonsense!
peidiwch â malu cachu!	don't bullshit!
rwtsh!	rubbish!
rhag cywilydd!	for shame!
sa i'n gwybod *(SW)*	I don't know
sothach!	rubbish!
wela i	I see
wn i ddim	I don't know
wn 'im *(NW)*	I don't know
wrth gwrs	of course
y fath beth!	such a thing!
y ffasiwn beth!	such a thing!
yn hollol	exactly
yn gymwys (yn gwmws *(SW)*)	exactly
yn saff (i chi)	really, you can be sure
yn union *(NW)*	exactly
yn wir (i chi)	really, you can be sure
yr ydych chi'n llygad eich lle	you're exactly right

xv Miscellaneous

115. General adjectives and nouns (positive)

addas	appropriate, suitable
agwedd *(f)* -au	attitude
angen *(m)* anghenion	need, want
(mae arnaf angen	I need)
amrywiaeth *(m)*	diversity, variety
amrywiol	sundry, various
amynedd *(m)*	patience
amyneddgar	patient
anhunanol	unselfish
argyhoeddedig	convinced, committed
arwyddocâd *(m)*	significance
arwyddocaol	significant
balch	proud, pleased
balchder *(m)*	pride
beiddgar	daring
bisi *(SW) (sl)*	busy
bodlon	content, willing
bodlonrwydd *(m)*	contentment
braint *(f)* breintiau	privilege
breiniol	privileged
call	sensible
(dydy e ddim yn gall	he's not all there, he's nuts)
caredig	kind
caredigrwydd *(m)*	kindness
clod *(f/m)* -ydd	fame, praise, renown
(canu clodydd rhywun	to sing someone's praise)
clodwiw	commendable, praiseworthy
clyfar	clever
cof *(m)* -ion	memory
cydnabyddiaeth *(f)*	acknowledgement, recognition
cyfeillgar	friendly
cyfeillgarwch *(m)*	friendliness
cyffro *(m)* -adau	excitement
cyffrous	exciting
cymedrol	moderate
dawn *(f/m)* doniau	gift, talent

dawnus	gifted, talented
deallus	understanding, intelligent
dewr	brave
dewrder *(m)*	bravery
diddordeb *(m)*	interest
diddorol	interesting
difrifol	serious
difrif(wch) *(m)*	seriousness
(mewn difrif	in earnest
o ddifrif	in earnest)
difyr	amusing, funny
difyrrwch *(m)*	amusement, fun
digrif	amusing, funny
digrifwch *(m)*	amusement, fun
diolchgar	grateful
diolchgarwch *(m)*	gratitude
diwyd	diligent
doeth	wise
dychmygus	imaginative
dychymyg *(m)* dychmygion	imagination
dymuniad *(m)* -au	desire, wish
dymunol	desirable
eisiau *(m)*	need, want
(mae arnaf eisiau	I want
dw i eisiau	I want)
eofn	bold, fearless
ffafr *(f)* -au	favour
ffafriol	favourable
ffodus	fortunate
galluog	able, capable
gobaith *(m)* gobeithion	hope
gobeithiol	hopeful
gofal *(m)*	care
gofalus	careful
gwahaniaeth *(m)* -au	difference
gwahanol	different
gweithgar	industrious
gweithgarwch *(m)*	activity
gwir	true

gwybodaeth *(f)* -au	knowledge
gwybodus	knowledgeable, well-informed
hael	generous
hapus	happy
hapusrwydd *(m)*	happiness
hawdd	easy
hawddgar	amiable, easy-going
hawddgarwch *(m)*	amiability
help *(m)*	help
(help llaw	helping hand)
hoffus	likeable
hwyl	fun, mood
(drwg fy hwyl	in a bad mood
mewn hwyliau da	in a good mood)
hynaws	genial, kind
lwcus	fortunate, lucky
llawen	merry
llawenydd *(m)*	joy, mirth
llewyrchus	successful
llwyddiant *(m)* llwyddiannau	success
llwyddiannus	successful
medrus	clever, skilful
moesgar	polite
moesgarwch *(m)*	politeness
parchus	respectable
pendant	definite
(yn gwbl bendant	absolutely definite)
penderfyniad *(m)* -au	decision
penderfynol	determined, resolute
pleser *(m)* -au	pleasure
pleserus	pleasant, pleasurable
prysur	busy
pwrpas *(m)* -au	purpose
pwrpasol	suitable
pwyll *(m)*	discretion, sense
pwyllog	sensible
pwysig	important
(hanfodol bwysig	vitally important)
pwysigrwydd *(m)*	importance

rhaid *(m)* rheidiau	necessity, need
(mae rhaid i mi fynd	I have to go
mae rhaid i mi beidio mynd	I must not go)
rhesymol	reasonable
rhinwedd *(f)* -au	virtue
rhinweddol	virtuous
rhyfedd(ol)	marvellous, wonderful
rhyfeddod *(m)* -au	wonder, marvel
sicr	certain, sure
sicrwydd *(m)*	certainty
siŵr	certain, sure
syndod *(m)*	surprise
synnwyr cyffredin *(m)*	common sense
talent *(f)* -au	talent
talentog	talented
teg	fair
tegwch *(m)*	fairness
trefnus	organised, tidy
tyner	tender
tynerwch *(m)*	gentleness, tenderness
uchelgais *(f/m)*	ambition
uchelgeisiol	ambitious
ysbrydoliaeth *(f)*	inspiration
ystyriaeth *(f)* -au	consideration
ystyriol	heedful, mindful

116. General adjectives and nouns (negative)

anffafriol	unfavourable
aflwyddiannus	unsuccessful
afresymol	unreasonable
angharedig	unkind
amheuaeth *(f)* amheuon	doubt
amheus	doubtful, dubious
analluog	incapable, unable
anfodlon	unwilling
anfodlonrwydd *(m)*	unwillingness
anfoesgar	impolitè, rude
anffodus	unfortunate

anhapus	unhappy
anhawster *(m)* anawsterau	difficulty
anlwcus	unlucky
annheg	unfair
annhegwch *(m)*	unfairness
anniddorol	uninteresting
annifyr	miserable, wretched
annoeth	unwise
anobaith *(m)*	despair
anobeithiol	hopeless
anodd	difficult
anwybodaeth *(f)*	ignorance
anwybodus	ignorant
arwynebol	superficial
barus	greedy
blin	angry *(NW)*, tired
blinderus	irritating, tiresome
busneslyd	nosey
byrbwyll	rash
cas	bitter, nasty, hateful
(mae'n gas gen i	I hate)
casineb *(m)*	hatred
cenfigen *(f)* -nau	envy, jealousy
cenfigennus	envious, jealous
crac *(SW)*	angry
crintachlyd	mean, stingy
croendenau	thin-skinned
croendew	thick-skinned
creulon	cruel
creulondeb *(m)*	cruelty
cweryl *(m)* -on	quarrel
cwerylgar	quarrelsome
cyfaddawd *(m)* -au	compromise
cymhleth y taeog	inferiority complex
cywilydd *(m)*	shame
(mae cywilydd arnaf i	I'm ashamed)
cywilyddus	shameful
chwithig	awkward, clumsy
chwithigrwydd *(m)*	awkwardness

dialedd *(m)* dialon	vengeance
dialgar	revengeful
diamynedd	impatient
dicter *(m)*	anger
difater	indifferent, unconcerned
difaterwch	apathy, indifference
diflas	boring, dull
diflastod *(m)*	boredom, tedium
dig *(NW)*	angry
digalon	depressed
diofal	careless
diofalwch *(m)*	carelessness
diog	lazy
diogi *(m)*	laziness
(diogyn *(f/m)*	lazy person, sluggard)
dwl	foolish, stupid
dychryn *(m)* -iadau	fright, terror
dychrynllyd	frightening, terrifying
eiddigedd *(m)*	jealousy
eiddigeddus	jealous
ffôl	foolish, silly
ffrae *(f)* -au, -on	quarrel
gelyniaethus	hostile
gostyngedig	humble
gostyngeiddrwydd *(m)*	humility
gwirion	stupid
hiraeth *(m)*	longing
(mae hiraeth arnaf i	I'm longing, I'm homesick)
hiraethus	homesick
hunanol	selfish
hunanoldeb *(m)*	selfishness
hurt	stupid
hyll	hideous, ugly
lletchwith	clumsy
llwfr	cowardly, timid
llwfrdra *(m)*	cowardice
llym	severe, strict
methiant *(m)* methiannau	failure
mympwy *(m)* -on	fad, whim

mympwyol	arbitrary, whimsical
perygl *(m)* -on	danger
perygl bywyd	dangerous
peryglus	dangerous
petrusgar	hesitant
pigog	irritable
pryder *(m)* -on	fear
pryderus	anxious, worried
rhagfarn *(f)* -au	prejudice
rhagfarnllyd	prejudiced
sarhad *(m)*	insult
sarhaus	insulting
segur	idle
segurdod *(m)*	idleness
siom *(m)* -au	disappointment
siomedigaeth *(f)* -au	disappointment
siomedig	disappointed
slej *(sl)*	stupid
swil	shy
swildod *(m)*	shyness
twp	stupid
twpdra *(m)*	stupidity
trist	sad
tristwch *(m)*	sadness
trueni *(m)*	pity
truenus	miserable, wretched
tymer *(f)* tymherau	temper
ufudd	humble
ufudd-dod *(m)*	humility
unig	lonely
(y plentyn unig	the lonely child)

117. **General verbs**

achosi gofid	to (cause) worry
achosi pryder	to (cause) worry
achwyn *(SW)*	to complain
(ad)nabod	to know (a person)
anghofio	to forget

amau	to doubt
amrywio	to vary
anobeithio	to despair
anwybyddu	to ignore
argyhoeddi	to convince
argymell	to recommend, to urge
atgofio	to remember
atgoffa	to remind
awgrymu	to suggest
barnu	to judge
becso *(SW) (sl)*	to worry
beiddio	to dare
blino	to tire
bodloni	to satisfy, to be satisfied
bwrw sen ar rywun	to insult someone
busnesa	to be nosey
cadarnhau	to confirm
cael gwared ar/o	to get rid of
camarwain	to mislead
camddeall	to misunderstand
canfod	to perceive, to see
canolbwyntio	to concentrate, to focus
casáu	to hate
cloffi rhwng dau feddwl	to hesitate
coelio	to believe, to think
cofio	to remember
colli fy limpin *(NW)*	to lose my temper
colli fy nhymer	to lose my temper
conan *(SW)*	to complain
credu	to believe, to think
cwblhau	to finish
cweryla	to quarrel
cwpla *(SW) (sl)*	to finish
cwyno *(NW)*	to complain
cychwyn	to start
cydnabod	to acknowledge, to recognise
cydsynio â	to agree with
cyd-weld â	to agree with
cyfaddawdu	to compromise

cyfaddef	to admit
cyffroi	to excite
cymryd pwyll	to take care
cytuno â	to agree with
cythruddo	to annoy, to irritate
dadlau	to argue, to debate
dal pen rheswm (â rhywun)	to reason (with someone)
dallt *(NW)* *(sl)*	to understand
dangos fy hun	to show off
darfod	to finish
dathlu	to celebrate
deall	to understand
dechrau	to start
dechrau cychwyn	to start off
(di)bennu *(SW)*	to finish
difyrru	to amuse
digalonni	to depress
digio	to annoy
dod i arfer â	to get use to
dychmygu	to imagine
dychryn	to frighten
dyfalu	to guess
dygymod â	to come to terms with
dymuno	to wish
(e)difaru	to regret
ffraeo	to argue
gallu	to be able
gobeithio	to hope
golygu	to mean
gorfodi	to compel
gorffen	to finish
gwadu	to deny
gwerthfawrogi	to appreciate
gwrthod	to refuse
gwybod	to know (a fact)
haeddu	to deserve
hel atgofion	to reminisce
hel meddyliau	to reminisce
helpu	to help

hoffi	to like
joio *(SW) (sl)*	to enjoy
leicio *(sl)*	to like
llawenhau	to rejoice
medru	to be able
meddwl	to think
moyn *(SW) (sl)*	to want
mwynhau	to enjoy
myfyrio	to meditate, to study
mynd i'r afael â	to get to grips with
mynnu	to insist, to want
ofni	to fear
pallu	to refuse
parchu	to respect
penderfynu	to decide
peri gofid	to (cause) worry
peri pryder	to (cause) worry
peryglu	to endanger
petruso	to hesitate
plesio	to please
poeni	to worry
pryderu	to worry
rhesymu	to reason
rhyfeddu	to marvel, to wonder
sarhau	to insult
sicrhau	to confirm, to make sure
siomi	to disappoint
siomi ar yr ochr orau	to be pleasantly surprised
sylweddoli	to realise
synnu	to surprise, to be surprised
teimlo dros rywun	to feel (sorry) for someone
trefnu	to organise
tristáu	to sadden
tybio	to suppose
ymdopi â	to cope with, to manage
ymddiried (yn rhywun)	to trust (someone)
ysbrydoli	to inspire
ystyried	to consider

118. Adverbs of manner and degree

braidd	rather
(braidd yn gynnar	rather early)
bron	almost
(bron yn barod	almost ready)
bron â bod	virtually
cyn	as
(cyn wynned â	as white as
cymaint â	as big as
cyn lleied â	as little as
cystal â	as good as
dros ben	exceptionally
(da dros ben	exceptionally good)
dros ben llestri	over the top, too much
efallai	perhaps
eithaf	quite
(eithaf da	quite good)
ella *(NW) (sl)*	perhaps
felly	thus
fodd bynnag	however
gan hynny	therefore
go	rather
(go dda	rather well)
go iawn	genuinely
go lew	rather well
gwaetha'r modd	more's the pity
gweddol	fairly well
(gweddol dda	fairly well)
hefyd	also
hwyrach	perhaps
hyd yn oed	even
hynod o dda	remarkably well
iawn	very
(hawdd iawn	very easy)
llawn cymaint	as much
lled	fairly
(lled dda	fairly well)
mor	as, so
(mor dda	so good

mor wyn	so white
mor wyn â	as white as
o leiaf	at least
pur	fairly, very
(pur dda	fairly good)
tra	extremely
(tra chyfoethog	extremely rich)
tu hwnt	exceptionally
(anodd tu hwnt	exceptionally hard)
wrth gwrs	of course
yn anffodus	unfortunately
yn ddiau	undoubtedly
yn ddiamau	undoubtedly
yn ofer	in vain
yn ogystal	as well, in addition
yn ôl pob tebyg	in all likelihood
yn wir	indeed
yr un mor fawr	just as big
ysywaeth	more's the pity, unfortunately

119. Conjunctions

a/ac	and
ac eithrio	except
achos	because
am fod	because
canys	because
cyn	before
er	although
fel	like
gan fod	as, because, since
mai	that (emphatic)
neu	or
oblegid	because
oherwydd	because
ond	but
oni	unless, until
oni bai	were it not for the fact
os	if
pan	when

pe	if (subjunctive)
pryd	when
rhag ofn	just in case
taw	that (emphatic)
'te *(sl)*	or
'ta *(NW) (sl)*	or
tra	while
ynteu	or

120. Prepositions

â/ag	with
am	about, at, for
(beth am y ferch?	what about the girl?
am saith o'r gloch	at seven o'clock
am ddwy bunt	for two pounds)
ambwyti *(SW) (sl)*	about
ar	on
ar bwys *(SW)*	near
ar gyfer	for
(ar gyfer y tŷ	for the house)
ar gyfyl	near
(fues i ddim ar gyfyl y tŷ	I wasn't near the house)
ar hyd	along, throughout
(ar hyd yr afon	along the river
ar hyd y nos	throughout the night)
ar ôl	after, remaining
(ar ôl tri o'r gloch	after three o'clock
does dim bwyd ar ôl	there isn't any food left)
at	to, towards
cyferbyn â	opposite to
cyn	before
dan/tan	under
dros/tros	for, over
(dros Gaerdydd	for Cardiff
dros y glwyd	over the gate)
drwy/trwy	through
efo *(NW)*	with
er	since (fixed point in time), despite

(er 1945	since 1945
er i mi fynd	despite my going)
er gwaethaf	despite
er mwyn	for the sake of, in order to
(er fy mwyn i	for my sake
er mwyn i mi fynd	in order for me to go)
erbyn	by
(erbyn tri o'r gloch	by three o'clock)
ers	for (continuing period of time)
(ers wythnos	for a week)
gan	by, from, with
(gan Dylan Thomas	by Dylan Thomas
ces i anrheg gan y ferch	I had a present from the girl
mae gan y dyn gar	the man has a car)
gyda/gydag	by means of, with
(gyda'r trên	by train
gyda'r tŷ	with the house)
heb	without
heblaw	besides
hyd	until
(hyd heddiw	until today)
hyd at	as far as, up to
(hyd) nes	until
([hyd] nes i chi gyrraedd y tŷ	until you arrive at the house)
i	to
i fyny *(NW)*	up
i lawr	down
i mewn	in, into
islaw	below, under
(islaw'r dref	below the town)
lan *(SW)*	up
mewn	in
(mewn car	in a car)
o	from, of
(o Abertawe	from Swansea
gwnaethpwyd o lechi	made of slate)
o dan	under, underneath
o amgylch	around
o fewn	within

o gwmpas	around
oddi ar	off
(oddi ar yr arfordir	off the coast)
oddi dan/oddi tan	from underneath
oddi yma/o 'ma	from here
oddi yna/o 'na	from there
oddieithr	except
rhwng	between
tu allan	outside
tu draw	beyond
tu hwnt	beyond
tu mewn	inside
tu ôl	behind
tu yma	this side
tua/tuag	about, towards
(tua chwech o'r gloch	about six o'clock
tua Llanelli	towards Llanelli)
uwchben	above
uwchlaw	above
wrth	by, whilst, to
(wrth weithio'n galed	by working hard
wrth y drws	by the door
wrth i mi fynd adref	whilst I went home
dweud wrth	to tell to)
wrth gwt *(SW)*	behind
wrth ymyl *(NW)*	near
ynghanol	in the middle of
ynghylch *(NW)*	about
ymhlith	amongst
ymysg	amongst
ynglŷn â	about, concerning
yn erbyn	against
yn lle	instead
yn ôl	according to, ago, back
(yn ôl y dyn	according to the man
tair blynedd yn ôl	three years ago
yn ôl yn y dref	back in the town)
yn ôl ac ymlaen	backwards and forwards
yn ystod	during